Lenelotte Möller
Hans Ammerich

Die Salier

Lenelotte Möller
Hans Ammerich

Die Salier

1024–1125

marixverlag

FSC
www.fsc.org
MIX
Papier aus verantwortungsvollen Quellen
FSC® C083411

Bibliografische Information der Deutschen Nationalbibliothek
Die Deutsche Nationalbibliothek verzeichnet diese Publikation in der Deutschen Nationalbibliografie; detaillierte bibliografische Daten sind im Internet über
http://dnb.d-nb.de abrufbar.

Covergestaltung: Karina Bertagnolli, Weimar
Bildnachweis: Speyer (Rheinland-Pfalz), Dom © akg-images / Günter Hofer
Satz und Bearbeitung: SATZstudio Josef Pieper, Bedburg-Hau
Der Titel wurde in der Palatino Linotype gesetzt.
Gesamtherstellung: CPI books GmbH, Leck – Germany

ISBN: 978-3-86539-991-5

www.verlagshaus-roemerweg.de

»Ein neuer Menschentyp ist in dieser Zeit entstanden, der mit dem bisherigen Menschengeschlecht nichts mehr gemeinsam hat.«

Petrus Crassus

Inhalt

1. Einleitung

Am 4. September 1024, nach dem Tod Heinrichs II., des letzten Vertreters des sächsischen Herrscherhauses, stellten sich in Kamba gegenüber von Oppenheim am Rhein zwei Nachfolgekandidaten den wahlberechtigten deutschen Fürsten vor: die Vettern Konrad der Ältere und Konrad der Jüngere, beide aus derselben Familie, der etwa 100 Jahre nach ihrem eigenen Aussterben von den Geschichtsschreibern der Name »Salier« beigelegt wurde. Zum deutschen König gewählt wurde, unter Leitung des Erzbischofs Aribo von Mainz, Konrad der Ältere, der von nun an Konrad II. hieß. Für das römisch-deutsche König- und Kaisertum, das salische Haus, für deren Heimatregion, den Worms- und Speyergau, besonders für Stadt und Bistum Speyer waren diese Wahl und die sich daraus ergebende Dynastiegründung ein Jahrtausendereignis.

Der Name »Salier« bedeutet »hochfrei, fränkisch« und bezeichnete ursprünglich nach Westen gezogene und von den Römern im 4. Jahrhundert linksrheinisch angesiedelte fränkische Stämme, aus denen sich später die Merowinger als führendes Herrschergeschlecht herausbildeten. Im Bezug auf eine ganze Gruppe von Adelsfamilien links des Rheins erschien er erstmals Anfang des 12. Jahrhunderts bei Otto von Freising; später erst wurde er verengt auf die Kaiser von Konrad II. bis Heinrich V., also auf ein altes fränkisches Herrengeschlecht. Auch wenn das Wort nie eine Eigenbezeichnung war, soll die Dynastie hier mit ihrem inzwischen traditionellen Namen benannt werden.

Das Jahrhundert der salischen Herrscher hat in der deutschen wie europäischen Geschichte tiefgreifende Spuren hinterlassen. Zwischen 1024 und 1125 nahmen Entwicklungen ihren Anfang, die das Schicksal der Menschen in Mitteleuropa sowie die gesellschaftliche und politische Ordnung nachhaltig beeinflusst haben. Man denke beispielsweise an das neue Macht- und Herrschaftsverständnis von König bzw. Kaiser, Adel und Kirche, das einerseits Sicherheit und Konsolidierung bedeutete, andererseits aber auch eine ständige Quelle von Auseinandersetzung und Unterdrückung war. Erinnert sei an die allmähliche Ausbildung des Ständewesens, das das gesellschaftliche System der Staaten Europas über Jahrhunderte hinweg prägte und Anlass für zahlreiche kriegerische Auseinandersetzungen war. Auch sind die Auswirkungen des Investiturstreits in Erinnerung zu rufen und die fruchtbaren Reformbewegungen in der Kirche und das Aufblühen der Orden zu betrachten. Wegweisend waren auch die neuen Entwicklungen in Kunst und Architektur. Die rund hundert Jahre währende Salierherrschaft brachte somit entscheidende Veränderungen in Gang, wobei die Herrscher die bestimmenden Kräfte waren. Der Geschichtsschreiber Petrus Crassus vermerkt bereits zur Zeit Heinrichs IV.: »Ein neuer Menschentyp ist in dieser Zeit entstanden, der mit dem bisherigen Menschengeschlecht nichts mehr gemeinsam hat.«

2. Herkunft der Salier

2.1 *Name und Heimat*

Mit dem Namen »Salier« hat sich keiner der Kaiser zwischen 1024 und 1125 noch eines ihrer Familienmitglieder jemals bezeichnet, erst recht nicht die Vorfahren Konrads II. Der Name kam in der Geschichtsschreibung des 12. Jahrhunderts, also nach dem Erlöschen der Familie, für die Dynastie auf. Der Name deutet auf die Verbindung zum Stamm der Franken, der in der hier behandelten Zeit allerdings schon kein eigenes Herzogtum mehr besaß. Sein Recht aber, die *Lex Salica,* war noch deutlich im Bewusstsein. Nach ihr könnte die Benennung erfolgt sein. Von der späteren Geschichtsschreibung wurde der Name auch auf die Vorfahren der Kaiser ausgedehnt und ist in dieser Weise heute in Gebrauch. In diesem weiten Sinne wird er in diesem Buch, auch im ersten Kapitel verwendet.

Die Vorfahren der vier Kaiser, die von 1024 bis 1125 das Reich regierten, gehörten wohl schon unter den Merowingerkönigen zur fränkischen Führungsschicht. Ihre ursprüngliche Heimat, d. h. ihre Besitzungen, lag im Raum von Maas und Mosel.

Am Ende des 8. Jahrhunderts teilte sich die Sippe in zwei Hauptlinien, zum einen eine bretonische, deren Herrschaftsgebiet sich an der unteren Loire und im Herzogtum Spoleto ausdehnte und aus deren Reihe im Jahr 891 ein Kaiser hervorging, nämlich Wido, Herzog von Spoleto, der Gegenspieler König Arnulfs von Kärnten (reg. 887–899). Er war nach längerem Ausbleiben König Arnulfs von Papst Formosus (reg. 891–896) zusammen mit seinem Sohn Lampert zum Kaiser gekrönt worden und behauptete sich in Rom, bis König Arnulf 896 St. Peter mit Waffen eroberte. Diese Linie wurde nach dem vorherrschenden Vornamen »Lampertiner« genannt.

Die andere Linie verblieb im angestammten Gebiet und dehnte ihre Besitzungen nach Süden und Osten, in den Saar-, Worms- und Speyergau aus. Dieser Familienzweig stand in enger Verbindung mit den Klöstern Hornbach und Mettlach, von denen das letztere von ihrem Angehörigen, Bischof Liutwin von Trier, dem Vater von Wido und Milo, gegründet worden war. Sie hießen nach den bevorzugten Vornamen »Widonen« und »Konradiner« und sind auch unter den Karolingern bezeugt. Später kam in diesem Zweig der Leitname Werner auf.

Die direkte Abstammungslinie von dieser Familie zu den salischen Herrschern ist zwar nicht belegbar, auch wurden sie von den späteren Kaisern nicht als ihre Vorfahren propagiert, doch ist die Verbindung in der modernen Forschung unbestritten. Damit können die Wurzeln der Salier so weit zurückverfolgt werden wie die kaum eines anderen Herrschergeschlechts in Mitteleuropa.

2.2 *Bedeutende Mitglieder der Familie*

Mit dem Namen Werner werden auch die ersten Familienmitglieder näher fassbar, und zwar im 8. Jahrhundert mit Warnharius (Graf Werner I.), geboren um 760, der die Klöster Hornbach und Mettlach mitbegründete. Er wurde von Ludwig dem Frommen, dem Sohn Karls des Großen, 814 zur Vorbereitung der Königskrönung nach Aachen vorausgesandt und dort bei einem Streit in der Kaiserpfalz getötet. Mit seiner Frau Engiltrut hatte er drei Kinder: Herard, Willigard und Werner II. Dem Letztgenannten folgten noch drei weitere gleichnamige Nachkommen, deren Besitz sich immer mehr in der Gegend von Speyer und Worms konzentrierte.

2.2.1 Werner V.

* unbekannt
† unbekannt

891 Graf im Worms- und Nahegau
906 Graf im Speyergau

Ehe: mit Hicha von Schwaben aus der Familie der Konradiner
Kinder: Konrad der Rote; Tochter, verheiratet mit Anselm Graf im Nagoldtal

Nach diesen vier erwähnten Wernern ist Werner V. 891 als Graf im Worms- und Nahegau, 906 als Graf im Speyergau belegt. Zu Beginn des 10. Jahrhunderts versuchte Graf Werner V., auf Kosten der Kirche sein Territorium zu erweitern. Im Laufe der sich daraus ergebenden Auseinandersetzung mit der Kirche von Speyer ließ er 913 Bischof Einhard I. blenden; der Bischof starb an dieser Verletzung – ein Verbrechen, das noch Werners Sohn Konrad belastete. Es wurde drei Jahre später im Auftrag der Synode von Hohenaltheim von Bischof Richgowo von Worms untersucht; die Hintergründe sind aber nicht näher bekannt. Der Name Werner verschwand danach als Leitname der späteren Salier. Auch im Remigiusland fiel Werner durch gewalttätige Übergriffe auf fremden Besitz auf. Er verteilte Land unter seinen Vasallen, das der Kirche von Reims gehörte, und gab es erst nach Eingreifen des Bischofs Remigius selbst zurück.

Werners V. Frau stammte aus der Familie der Konradiner und war eine Schwester oder Tochter König Konrads I. (reg. 911–918). Das bedeutete erstens wegen des Ranges und zweitens im Hinblick auf die weitere Entwicklung eine gute Verbindung für Werners Familie, doch die sich daraus ergebenden Koalitionen gereichten ihm bald zum Nachteil. Die Konradiner nämlich unterlagen in einem Machtkampf mit den Ottonen 939, wodurch sie ihre Vormachtstellung am Mittelrhein verloren; davon aber konnte Werners Sohn Konrad durch Besitzgewinn profitieren. Werner und Hicha hatten außer dem Sohn Konrad, genannt der Rote, eine Tochter, die zusammen mit ihrem Mann, Anselm Graf im Nagoldtal, die Linie der Pfalzgrafen von Tübingen begründete.

2.2.2 Konrad der Rote

* um 922
† 10. August 955, gefallen auf dem Lechfeld
Begräbnis im Dom zu Worms

Graf im Worms-, Nahe- und Speyergau
Graf im Niddagau
942–945 Graf in Franken
944–954 Herzog von Lothringen

Ehe: mit Liutgard von Sachsen (931–18. November 953), Tochter Kaiser Ottos des Großen
Kinder: Heinrich von Worms; Otto von Worms

Konrad der Rote erweiterte den Familienbesitz erheblich. Er war auf dem Höhepunkt seiner Macht Graf im Worms-, Nahe- und Speyergau, Graf im Niddagau und in Franken und seit 944 Herzog von Lothringen, womit er eine Schlüsselposition zur Sicherung der königlichen Macht innehatte. Da er sich aber zusammen mit König Ottos Sohn Liudolf in einem Aufstand gegen Otto stellte, wurde er von diesem seiner Ämter enthoben. Dabei war er selbst Schwiegersohn Ottos. Der Geschichtsschreiber Widukind von Corvey fasst Ottos Schmerz in folgende Worte (Rerum gestarum Saxonicarum libri tres 3,32):

> Der, den ich am meisten geliebt und von einem niedrigen Rang auf die höchste Stufe und zu höchsten Ehren erhoben habe, hat meinen einzigen Sohn gegen mich auf seiner Seite.

Das Zerwürfnis konnte überwunden werden, und am 10. August 955 zog Konrad an Ottos Seite in die berühmte

Schlacht auf dem Lechfeld. Otto (reg. 936–973) siegte über die Ungarn, sein Schwiegersohn Konrad fiel. Über dessen Tod berichtet der Geschichtsschreiber des 10. Jahrhunderts Widukind von Corvey 3,47:

> Herzog Konrad aber entbrannte tapfer kämpfend in einer solchen Leidenschaft seines Herzens und einer heißen Glut der Sonne, die an diesem Tag überaus heftig war, und wurde, nachdem er seinen Panzer gelöst hatte, um Luft zu holen, durch einen Pfeil, der auf seine Kehle abgeschossen wurde, verwundet und fiel.
>
> Sein Leichnam wurde auf Befehl des Königs ehrenvoll aufgebahrt und nach Worms überführt, und dort wurde der Mann, der in jeder Tugend des Geistes und Körpers groß und ausgezeichnet war, unter Weinen und Klagen aller Franken bestattet.

Konrad wurde im Dom zu Worms in einem feierlichen Begräbnis beigesetzt. Eine solche Bestattung war zu dieser Zeit eigentlich Bischöfen und Königen vorbehalten. Ihm folgten später aber noch weitere Familienmitglieder.

Gleichsam als Sühne für den Tod des Bischofs überließ Herzog Konrad dem Speyerer Bischof Reginbald I. alle seine Hörigen, das Münz- und Zollrecht, die Marktaufsicht, die Einnahmen aus den Marktabgaben sowie die Gerichtsrechte in Speyer. Die Stellung des Speyerer Bischofs wurde dadurch erheblich gestärkt.

2.2.3 Otto von Worms

* um 948
† 4. November 1004
Begräbnis in Bruchsal

Graf im Kraich-, Elsenz-, Pfinz- und Enzgau
Graf zu Bruchsal
956 Graf im Nahe- und Speyergau
956–978 (und später erneut bis zum Erhalt der Bruchsaler Grafschaft) Graf im Wormsgau
978–985 Herzog von Kärnten und Markgraf von Verona

995 erneut Markgraf von Verona
1002 erneut Herzog von Kärnten

Eltern: Konrad der Rote & Liutgard von Sachsen, Tochter Ottos I.
Ehe: mit Judith von Kärnten, gest. 991
Kinder: Heinrich von Worms, der Vater des späteren Kaisers (gest. zwischen dem 28. September 989 und dem Jahr 1000); Konrad von Kärnten, der Vater des jüngeren Konrad; Brun (Papst Gregor V.); Wilhelm, Bischof von Straßburg

Konrads Sohn Otto gelang es, obgleich er beim Tod seines Vaters nicht älter als neun Jahre war, an die früheren Erfolge der Familie anzuknüpfen: Er erscheint schon 956 als Graf im Nahegau und gewann das Herzogtum Kärnten und die Markgrafschaft Verona sowie bald auch wieder den Wormsgau, den er zunächst 978 für Kärnten hatte abgeben müssen. Ihm gehörten ferner Kraich-, Elsenz-, Pfinz- und Enzgau. Später verzichtete Otto wieder auf Kärnten und erhielt dafür den Königshof Lautern sowie den Wasgau, außerdem Besitz und Rechte des Reichsklosters Weißenburg. Später bekam er auch Kärnten wieder. Dies verdankte er auch seiner Loyalität gegenüber Kaiser Otto II., über dessen Tod hinaus er auch Otto III. die Treue hielt. Dieser benannte – wohl auch vor dem Hintergrund der erfahrenen Unterstützung – Ottos Sohn Brun zum neuen Papst, nachdem dessen Vorgänger verstorben war, während sich König Otto und Herzog Otto auf dem Weg nach Rom befanden.

Während seiner Amtszeiten in Kärnten und Verona legte er den Schwerpunkt seines Engagements auf Verona und gründete 983 das Kloster Lampert/Lamprecht in Pörtschach nahe Karnburg – möglicherweise der Versuch, hier ein geistiges und geistliches Zentrum zu schaffen.

Die traditionellen Besitzungen seines Hauses förderte er durch Klostergründungen und -ausstattungen: Von Otto II. erlangte er ein umfassendes Privileg für das Kloster Hornbach, 975/76 erneuerte er das Stift St. Philipp von Zell, 987 gründete er ein weiteres Kloster St. Lambrecht, nämlich in einem Talkessel am Speyerbach in der heutigen Pfalz. In der Urkunde über diese Gründung – wenngleich diese nachträglich angefertigt wurde, darf sie wohl als Quelle herangezogen werden – wird das Einverständnis Kaiser Ottos erwähnt. Herzog Ottos Familie erhielt die alleinigen, erblichen Vogteirechte über das Kloster. Sie sollten nicht durch Erbschaft geteilt werden. Eine solche Bündelung und Stabilisierung von Herrschaft, »Patrimonialisierung« genannt, wie sie sich in dieser Bestimmung zeigt, war im 10. Jahrhundert noch nicht sehr verbreitet und ist Zeugnis einer besonders geschickten Hauspolitik der Salier, lange bevor sie zur Herrscherdynastie wurden.

Kaiser Heinrich II. (reg. 1002–1024) sah die Notwendigkeit, die Macht dieser Familie zu beschränken. Nach dem Geschichtsschreiber Thietmar von Merseburg war Herzog Otto nach dem Tod Ottos III. sogar als geeigneter Nachfolger vorgeschlagen worden. Auch Bischof Burchard von Worms (Bf. 1000–1025) sah den Aufstieg des Gaugrafen mit Sorge. Sie veranlassten Otto, auf seine Rechte in Worms, also im alten Zentrum seines Herrschaftsgebietes, zu verzichten. Im Tausch gab ihm Heinrich II. den Königshof Bruchsal mit bedeutenden Besitzungen im Königsforst Lußhardt. Dieser Besitz war jedenfalls erheblich mehr wert als die hingegebenen Rechte in Worms. Vielleicht wurde Otto sogar in Bruchsal bestattet.

Otto von Worms war verheiratet mit Judith. Die beiden hatten vier Söhne: Heinrich, den Vater des späteren Kaisers; Konrad, den Vater des sogenannten Jüngeren Konrad; Brun (Papst Gregor V., reg. 996–999) und Wilhelm, Bischof von Straßburg. Heinrich, der älteste Sohn, war verheiratet mit Adelheid; er starb um 1000 noch sehr jung. Er wurde im Dom zu Worms begraben. Aus der Ehe ging Konrad der Ältere, der spätere König und Kaiser hervor. Nach dem frühen Tod des Vaters fiel dessen Erbschaft nicht an den unmündigen Sohn Konrad, sondern an Heinrichs gleichnamigen Bruder Konrad.

2.2.4 Brun

* 972
† 18. Februar 999 in Rom
Begräbnis in den Grotten des Vatikans

Hofkaplan
996–999 Papst Gregor V.

Eltern: Otto von Worms, Herzog von Kärnten & Judith, Eltern unbekannt

Brun, der Sohn Ottos von Worms, war auch Enkel Kaiser Ottos des Großen. Er war an der Mainzer Domschule unter Aufsicht des Bischofs Willigis (Bf. 975–1111) erzogen worden. Dann wurde er zunächst Hofkaplan.

Am Ende des 10. Jahrhunderts setzte allmählich die große mittelalterliche Kirchenreform ein. Sowohl die Bischöfe Italiens als auch die Päpste wurden damals noch von lokalen Adelsparteien ausgehandelt. Die römischen Bischöfe hatten als Päpste nur wenige Funktionen, die über die Stadt hinausreichten. Sie bestätigten Bischöfe und Klöster und waren an der Einrichtung neuer Diözesen beteiligt. Theologische Initiativen gingen von ihnen nicht aus. Die Verbindung zum Deutschen Reich bestand darin, dass dessen Könige zu ihren Schutzherren wurden, beginnend mit Kaiser Karl dem Großen (Kg. 768, Ks. 800, gest. 814) im Jahr 800, weitergeführt durch Kaiser Otto den Großen im Jahr 962. Von nun an wuchs die Mitsprache der deutschen Könige bei der Besetzung des Papstamtes. Die von ihnen ausgewählten Amtsinhaber kamen zwar zunächst immer noch aus römischen Familien, waren aber, da sie ihr Amt durch fremde Einmischung erhalten hatten, nicht sehr beliebt. Die Familie der Crescentier ließ nach dem Tod Kaiser Ottos II. (reg. 973–983) den amtierenden Papst Johannes XIV. in der Engelsburg gefangen setzen und verhungern, nach anderen vergiften, und brachte ihren eigenen Kandidaten Bonifaz VII., der aus dem byzantinischen Exil zurückgekehrt war, auf den Papstthron. Dieser fiel dem Zorn des Volkes zum Opfer und wurde im Juli 985 tot durch die Straßen Roms geschleift.

Als sein Nachfolger wurde mit Unterstützung der Crescentier Johannes XV. gewählt, dem Geldgier und Begünstigung seiner Verwandten (Nepotismus) nachgesagt wurde. Als er schon bald nach seiner Wahl mit den Crescentiern in Streit geriet, rief er von Tuszien aus Kaiser Otto III. (reg. 983–1002) zu Hilfe, der dort die Kaiserkrönung empfangen sollte. Otto erfuhr auf dem Weg in Pavia, dass Johannes XV. schon gestorben war, und fand den Papstthron verwaist vor. In dieser Situation konnte er freilich enormen Einfluss auf die neue Besetzung nehmen.

Otto schlug Brun, den erst 24-jährigen Salier aus der Hofkapelle, also einen zuverlässigen Vertrauten, für das Amt vor. Brun wurde am 3. Mai 996 zum Papst gewählt und sollte die Reihe der im Machtkampf des stadtrömischen Adels miteinander rivalisierenden Päpste, von denen viele keines natürlichen Todes gestorben waren, unterbrechen. Seine erste Amtshandlung war die Krönung König Ottos III. zum Kaiser.

Anschließend hielt er in St. Peter eine Synode ab, auf der auch mehrere Bischöfe, darunter Willigis aus Mainz, Missstände in ihren Diözesen vortrugen. Gregor befahl die Rückkehr Bischof Adalberts von Prag, der sich in ein römisches Kloster zurückgezogen hatte. Frankreich bedrohte er mit dem Interdikt wegen eines Streits um das Reimser Bistum, bis er sich mit König Robert geeinigt hatte.

Zunächst von Gegenpapst Johannes XVI. und den Crescentiern aus Rom vertrieben, wurde Gregor von dem erneut nach Italien ziehenden Otto wieder in den Stand der Herrschaft versetzt und widmete sich von nun an weiter der Kirchenreform im Sinne der Abtei von Cluny, welche Missstände beseitigen, die Frömmigkeit heben und der Benediktsregel wieder mehr Geltung verschaffen sollte. Dabei stellte er sich, wo es die Kirchenreform erforderte, auch gegen den

Kaiser. So richtete er z. B. eine freie Äbtissinnenwahl für das Kloster Willich im Erzbistum Köln ein und stellte das vom eigenen Bischof aufgelöste Bistum Merseburg wieder her.

Mit nur 27 Jahren verstarb Gregor an Malaria, die es in dem damals noch von Sümpfen umgebenen Rom gab. Beigesetzt wurde er neben Otto II. in Rom. Sein Nachfolger Gerbert von Aurillac, Papst Sylvester II. – auch er ein Kandidat Ottos III. – setzte Gregors Linie zunächst fort.

2.2.5 Die Ausgangssituation der Königswahl 1024 aus salischer Perspektive

Am Ende des 10. Jahrhunderts waren die Salier also ein reich begütertes Grafengeschlecht im Speyer- und Wormsgau. Zu ihrem Machtbereich gehörten das Gebiet zwischen Speyer und Worms, das Rheintal und die Haardt, aber auch das Nahegebiet und rechtsrheinische Besitztümer. Die Salier errichteten Burgen, Vogteien und geistliche Zentren und schufen damit für ihre Zeit eine neuartige, auf ein geschlossenes Gebiet bezogene Herrschaftsstruktur. Dessen Mittelpunkt im 10. Jahrhundert war Worms, wo mehrere Mitglieder des Geschlechts vor dem Bau des Speyerer Domes ihre letzte Ruhestätte fanden: außer Konrad dem Roten auch Ottos Söhne Heinrich und Konrad, Konrads Sohn Konrad gen. der Jüngere, Kaiser Konrads Schwester Judith und Kaiser Konrads Tochter Mathilde, welche 1034 zuerst in Limburg bestattet worden war und 1046 nach Speyer überführt wurde.

Unter Konrad II. (1024–1039) und seinem Sohn Heinrich III. (1039–1056) erreichte das Imperium Romanum, wie man das Reich zu bezeichnen begann, seine größte Ausdehnung und höchste Machtentfaltung. Burgund kam zum Reich; über Polen, Ungarn und Böhmen erlangten die beiden ersten Salierkaiser die Lehenshoheit. Auch im Hinblick auf die Entwicklung der Kirche wurden wichtige Weichen gestellt.

Basis für die Reichspolitik der Salier war ihr angestammtes Machtzentrum am Ober- und Mittelrhein; hier hatten sie bei ihren Auseinandersetzungen mit Gegenkönigen oder dem Papst festen Rückhalt. Bereits vor dem »salischen Jahrhundert« besaß das Grafengeschlecht großen Einfluss in Speyer.

3. Konrad II.

* 12. Juli 990
† 4. Juni 1039 in Utrecht
Begräbnis im Dom zu Speyer

4. September 1024 Wahl zum dt. König in Kamba
8. September 1024 Königskrönung in Mainz (Erzbischof Aribo von Mainz)
25. März 1026 Krönung zum König der Langobarden / König von Italien (Erzbischof Aribo/Aribert von Mailand)
26. März 1027 Kaiserkrönung in Rom (Papst Johannes XIX.)
2. Februar 1033 Wahl und Krönung zum König von Burgund in Peterlingen/Payerne

Eltern: Heinrich, ältester Sohn Herzog Ottos von Kärnten & Adelheid, Tochter des Grafen Richard von Metz
Ehe: 1016 mit Gisela von Schwaben
Kinder: Heinrich III. (geb. 28. Oktober 1017); Beatrix (gest. 26. September 1036); Mathilde (gest. 1034)

3.1 *Kindheit und Jugend*

Konrad wurde am 12. Juli 990 geboren. Als sein Vater Heinrich, der Sohn Ottos von Worms, bereits zehn Jahre später starb und Konrads Mutter Adelheid nach Heinrichs Tod einen sächsischen Adligen heiratete, den sie in sein Herrschaftsgebiet begleitete, wurde Konrad mit seiner Schwester von seinem Großvater erzogen, der ihn zunächst zur Erziehung Bischof Burchard von Worms übergab. Eine schulische Ausbildung erhielt Konrad jedenfalls weder bei Bischof Burchard noch in späterer Zeit. Schreiben konnte er nie und gilt daher als der letzte Analphabet auf dem Kaiserthron. Es existieren sogar Berichte, nach denen Konrad II. ein Sohn Kaiser Ottos III. (reg. 983–1002) gewesen wäre.

Bald nach Heinrichs Tod, 1002 oder 1003, bekam sein Bruder Konrad einen Sohn, der ebenfalls den Namen Konrad erhielt und zur Unterscheidung von seinem Vetter »der Jüngere« genannt wurde. Konrad der Jüngere wurde von Großvater Otto Konrad dem Älteren als Erbe vorgezogen. Doch konnte er dieses Bestreben nicht mehr durchsetzen, da Otto von Worms selbst schon 1004 starb und sein bevorzugter Sohn Konrad 1011. So wurde der zuerst verschmähte, bereits volljährige Konrad der Ältere Oberhaupt der salischen Familie und Vormund seines Vetters, Konrads des Jüngeren. Den Namen Otto wählten von da an weder er noch eine andere Linie der Familie, und er verschwand als Leitname.

Der erwachsene Konrad der Ältere wird in den zeitgenössischen Quellen als ein Mann von fast zwei Metern Körpergröße beschrieben, für das Mittelalter allerdings ein außergewöhnliches Maß, das die Ausgrabungen bestätigten, die 1900–1902 im Dom zu Speyer stattfanden. Auch von dem langen Bart, mit dem er auf Miniaturen in den Handschriften zu sehen ist, waren noch Spuren im Sarg vorhanden.

Aber nicht nur das Schicksal und Konrads imposante Erscheinung ermöglichten ihm den Weg ins Königsamt. Er hatte 1024 noch mehr in die Waagschale zu werfen.

3.2 *Gisela von Schwaben*

* 13. November 989 oder 990
† 15. Februar 1043 in Goslar
Begräbnis im Dom zu Speyer

Eltern: Hermann II., Herzog von Schwaben & Gerberga, Tochter König Konrads v. Burgund
1. Ehe: 1002 mit Graf Bruno von Braunschweig (gest. vor 1012)
Kinder: Liudolf (gest. 23. April 1038)
2. Ehe: 1014 mit Herzog Ernst I. von Schwaben (gest. 1015)
Kinder: Ernst II. von Schwaben (1014–17. August 1030); Hermann IV. von Schwaben (um 1015–1038)
3. Ehe: 1016 mit dem Salier Konrad d. Älteren
Kinder: Heinrich III.; Beatrix; Mathilde

Gisela war die Tochter Herzog Hermanns von Schwaben (gest. 1003) und Gerbergas, der Tochter König Konrads von Burgund (reg. 937–993). Vater und Großvater waren Gegner Kaiser Heinrichs II., der über Hermann bei der Königswahl 1002 gesiegt hatte.

Ihre erste Ehe schloss Gisela 1002 mit Graf Bruno II. von Braunschweig, der nach dem Bericht Thietmars von Merseburg von Graf Milo von Ammensleben in seinem eigenen Haus erschlagen wurde. Die Ursache des Streites der beiden Männer verrät Thietmar leider nicht. Mit Bruno hatte Gisela den Sohn Liudolf, dessen Sohn Ekbert die Mark Meißen erwarb.

In zweiter Ehe war Gisela ab 1014 mit dem Babenberger Ernst I., dem Herzog von Schwaben und Bruder des österreichischen Markgrafen Leopold, verheiratet. Obwohl Ernst schon 1015 nach einem Jagdunfall starb, hatte Gisela mit ihm zwei Söhne, nämlich Ernst II. (1014–1030), der später zum Gegner seines Stiefvaters wurde und als Herzog Ernst in das deutsche Sagengut Eingang fand, und Hermann IV. von Schwaben (um 1015–1038).

Wiederum verwitwet heiratete Gisela 1016 Konrad II., obwohl sie relativ nah mit ihm verwandt war – beide stammten von König Heinrich I. ab –, was manche Kritik hervorrief, die wie bei Kaiser Heinrich II. vielleicht auch machtpolitische Hintergründe hatte. Immerhin verbanden sich hier zwei Menschen, deren Vorfahren zu Heinrichs Widersachern gehört hatten und die nun ein beachtliches Machtpotenzial vereinigten. Für Konrad war Gisela im Hinblick auf Rang, Machtansprüche und wohl auch aufgrund ihrer Qualitäten als Ratgeberin jedenfalls eine gute Partie. Gisela wird in den Quellenzeugnissen wegen ihrer Freigiebigkeit, Klugheit, Gewandtheit, aber auch wegen ihres Verständnisses für die Wissenschaft gerühmt.

Aus der Ehe, die als harmonisch galt, gingen drei Kinder hervor: Sohn Heinrich, der spätere Kaiser Heinrich III., Beatrix, die in das Kloster Quedlinburg eintrat, und Mathilde, die 1034 als Verlobte des französischen Königs Heinrich starb.

Gisela selbst, die auch den dritten Gemahl um einige Jahre überlebte, starb am 15. Februar 1043 in Goslar, wohin sie sich nach Differenzen mit ihrem Sohn Heinrich III. zurückgezogen hatte. Ihre Beisetzung fand neben ihrem Mann im noch nicht vollendeten Speyerer Dom unter Beteiligung fast aller Bischöfe des Reiches statt, wie die Inschrift einer ihrem Sarg beigegebenen Bleitafel ausweist.

3.3 Königswahl in Kamba

Kaiser Heinrich II. war am 13. Juli 1024 ohne Sohn und designierten Nachfolger gestorben. Zum Erben hatte er die Kirche eingesetzt, namentlich das von ihm und seiner Frau Kunigunde gegründete Bistum Bamberg.

Fast genau acht Wochen nach dem Tod des Herrschers trat in Kamba, einem abgegangenen Ort gegenüber von Oppenheim am Rhein, eine Versammlung deutscher Fürsten zusammen, um Heinrichs Nachfolger zu wählen. Die Fürsten wünschten dringend einen neuen König, da für sie die Erhaltung der Reichseinheit sonst nicht gewährleistet schien. Viele Fürsten fehlten allerdings auch, vor allem diejenigen aus Sachsen, Thüringen und Böhmen.

Nachdem vorher mehrere namentlich nicht bekannte Kandidaten in Verhandlungen ausgeschieden waren, traten am Ende noch zwei Männer aus derselben Familie zur Königswahl an: die Vettern Konrad der Ältere und Konrad der Jüngere aus der Familie der Salier. Beide hatten die vornehmsten Stammbäume vorzuweisen, waren standesgemäß verheiratet und sehr reich. Die Verwandtschaft mit den Ottonen und ihre erkennbare Fähigkeit zur Herrschaftsausübung waren 1024 gewiss mitentscheidend für die Kandidatur der beiden Konrade, eine Förderung durch die Ottonen hatte allerdings nicht stattgefunden.

In einem Gespräch unter vier Augen, aber in Sichtweite der Wähler sollen sie vereinbart haben, sich dem Mehrheitsbeschluss zu beugen. Da König Heinrichs Wahl 1002 von dessen Gegner Hermann von Schwaben nicht sogleich anerkannt worden war, bildete diese Einigung der Vettern eine hoffnungsvolle Ausgangsbasis. Konrad der Ältere wurde schließlich gewählt.

Die erste Stimme gab Bischof Aribo von Mainz ab. Die Anhänger Konrads des Jüngeren hatten beim eigentlichen Wahlakt den Wahlort bereits verlassen. Die Abwesenheit dieser und der anderen erwähnten Fürsten schadete der Beschlussfähigkeit der Versammlung und der allgemeinen Anerkennung des Wahlaktes allerdings nicht. Vielmehr wurde die Wahl einstimmig gefasst, der Auszug der unterlegenen Minderheit war praktisch der eigentliche Wahlakt, die Stimmabgabe der zurückgebliebenen Mehrheit nur die formale Bestätigung, die einstimmig ausfiel. Darauf deutet auch das weitere Verhältnis Konrads zu den Anhängern seines Vetters.

Über die Wahl berichtet Konrads Biograph Wipo (Kap. 2) unter anderem:

> Bei diesen beiden, Konrad dem Älteren und Konrad dem Jüngeren, pendelte lange der übrige Adel hin und her. Und obgleich die Fürsten den älteren Konrad in geheimer Absicht und begieriger Sehnsucht wegen seiner Tüchtigkeit und Rechtschaffenheit fast alle ausgewählt hatten, verbarg dennoch jeder wegen der Macht des Jüngeren, damit sie nicht wegen dem Ehrgeiz um die des Amtes in Streit gerieten, klug seine Gesinnung. Am Ende aber gelang es dank göttlicher Voraussicht, dass die beiden selbst untereinander in einer Abmachung übereinkamen, die der auf Messers Schneide stehenden Angelegenheit angemessen war, dass nämlich, wenn einen von ihnen der größere Teil des Wahlvolkes erheben sollte, der andere diesem ohne Zögern weichen sollte. [...]

Im Anschluss an diesen Bericht lässt Wipo Konrad den Älteren eine Rede halten, an deren Ende er als Erster seinem Vetter Konrad dem Jüngeren seine eigene Stimme gibt. Beide bringen ihre Eintracht zum Ausdruck, dann beginnt der Wahlakt.

> Der Erzbischof von Mainz, dessen Stimme vor den anderen abzugeben war, lobte und wählte, vom Volk gefragt, wie er es halte, mit jubelndem Herzen und freudiger Stimme den älteren Konrad als seinen Herrn und König und Lenker und Beschützer des Vaterlandes. Diesem Spruch folgten die übrigen Erzbischöfe und die übrigen Männer des geistlichen Standes. Der jüngere Konrad beriet sich kurz mit den Lothringern, kehrte dann sofort zurück und wählte [Konrad den Älteren] mit aufrichtiger Zustimmung zu seinem Herrn und König, während seinerseits der König seine Hand ergriff und ihn hieß, sich neben ihn zu setzen. Darauf wiederholten auch die anderen nacheinander viele Male diese Wahlformel. Ein Ruf des Volkes brach aus, alle stimmten einhellig mit der Wahl des Königs überein, alle wünschten den älteren Konrad. Daran hielten sie fest, ihn stellten sie ohne Zögern allen Fürsten voran und urteilten, dass derselbe der Würdigste für die Königsherrschaft sei und forderten seine sofortige Weihe. […]

Doch auch die Misstöne verschweigt Wipo nicht.

> Dennoch zogen der Erzbischof von Köln und Herzog Friedrich sowie einige andere Lothringer um des jüngeren Konrad willen, wie es heißt, weil sie der Feind des Friedens, der Teufel, dazu anstachelte, im Unfrieden ab. Diese aber kehrten schnell in die Gnade des Königs zurück außer denen, die vorher durch den Tod hinweggerafft wurden, und was auch immer er für sie vorgesehen hatte, nahmen sie dankbar an. Und Erzbischof Pilgrim erlangte, gleichsam um die frühere Schuld beseitigen zu können, vom König, dass es ihm erlaubt sei, im Kölner Dom die Königin zu krönen.

Für den neuen König hatten mehrere Faktoren gesprochen:

- das Glück, das ihm seinen bisherigen Lebensweg, besonders durch das Ableben seiner Gegner, geebnet hatte
- die kluge und erfolgreiche Hauspolitik der Salier
- der bedeutende Rang Giselas, die Verwandtschaft zu Karl dem Großen sowie die Abstammung von einem Herzog von Schwaben vorzuweisen hatte

- Sohn Heinrich als möglicher Nachkomme eröffnete für den Fall, dass dies benötigt würde, die Chance auf Kontinuität.

Nach seiner Wahl erhielt Konrad von Kunigunde, der Witwe seines Vorgängers die Reichsinsignien, die für eine gültige Krönung erforderlich waren. Am 8. September 1024 fand die Salbung durch Erzbischof Aribo in Mainz statt. Gisela konnte dagegen noch nicht gekrönt werden, da sich Erzbischof Aribo weigerte. Die Gründe sind nicht gewiss, vermutlich hielt er die zu nahe Verwandtschaft zwischen Konrad und Gisela für einen Hinderungsgrund.

Nach der Krönung begab sich Konrad II. auf den Umritt, den Zug durch möglichst viele Teile des Reiches, mit dem der König seinen Herrschaftsanspruch bekräftigte und in den einzelnen Teilen des Reiches durchsetzte. Er führte ihn vom Herbst 1024 bis zum Sommer 1025 nachweislich von Mainz nach Ingelheim, Köln, Aachen, Lüttich, Nimwegen, Neuhaus (bei Paderborn), Vreden (im westlichen Münsterland), Dortmund, Minden, Paderborn, Corvey, Hildesheim, Goslar, Gandersheim, Halberstadt, Quedlinburg, Magdeburg, Merseburg, Grona (im heutigen Göttingen), Wallhausen (heute Landkreis Mansfeld-Südharz), Fulda, Augsburg, Regensburg, Beratzhausen (Oberpfalz), Schwarzenbruck (Mittelfranken), Mögeldorf (jetzt Stadtteil von Nürnberg), Bamberg, Würzburg, Ulm, Tribur, Konstanz, Basel und schließlich nach Zürich.

In Köln konnte 13 Tage nach Konrads Krönung, am 21. September 1024, durch den Erzbischof Pilgrim von Köln (EB 1021–1036) Giselas Krönung im Aachener Marienmünster stattfinden. Pilgrim war vor der Wahl Anhänger der lothringischen Partei Konrads des Jüngeren gewesen und brachte in dieser für ihn günstigen Situation die Versöhnung dieser Gruppe mit dem neuen Herrscher zum Ausdruck, die inzwischen durch Verhandlungen, aber auch durch die Verleihung von Ämtern gelungen war. In Aachen nahm Konrad auch den Thron Karls des Großen in Besitz und hielt seinen ersten Hoftag ab.

In Minden huldigten die Sachsen dem neuen König, der ihnen im Gegenzug ihr Landrecht bestätigte, wahrscheinlich am 25. Dezember 1024.

Von Basel aus ging es über Straßburg nach Speyer, wo wohl 1027 die Domgründung stattfand, schließlich weiter nach Worms.

3.4 *Herrschaftsverständnis und Dynastiegründung*

3.4.1 Herrschaftsverständnis

Konrad hatte das Bewusstsein, von Gott selbst bestellt zu sein. Das Selbstbewusstsein vom Gottesgnadentum wurde noch verstärkt durch den feierlichen Ritus der Herrscherweihe und Herrschersalbung, der in den Augen des Volkes den König und Kaiser als eine gottgeweihte Person erscheinen ließ, der einer höheren Ordnung angehörte.

Zu den bedeutenden neuen Entwicklungen in Konrads Regierungszeit und im salischen Jahrhundert gehörte die Vorstellung des Königtums als Institution, die unabhängig vom Amtsinhaber besteht und ihn auch überdauert. Zu seinem ersten Italienzug brach Konrad 1026 mit großem Gefolge von Augsburg aus auf. Die Jahreszeit war für einen Marsch über die Alpen eher ungewöhnlich, zumal, wenn kein besonderer Anlass die Anwesenheit des Königs erforderte.

In Mailand wurde Konrad von Erzbischof Aribo/Aribert zum König von Italien gekrönt. Einen Aufstand in Ravenna konnte Konrad ebenso eindrucks- wie wirkungsvoll niederschlagen. Zu den Aufgaben des Königs gehörte ferner die Rechtsprechung und Bestrafung von Vergehen: Zwischen dem Tod Heinrichs II. und der Wahl Konrads hatten Bürger von Pavia den dortigen Königspalast zerstört. Die Bürger rechtfertigten sich vor Konrad mit dem Hinweis, dass es zur Zeit der Zerstörung keinen König gegeben habe, gegen den sich der Akt gerichtet hätte. Konrad aber entgegnete, dass das Königtum als Institution auch bestehe, wenn das Amt nicht besetzt sei und insofern die Bürger gegen das Recht verstoßen hätten. Damit begründete er gleichsam die Idee der sogenannten Transpersonalität des Königtums.

In Rom wurde Konrad von Papst Johannes XIX. (reg. 1024–1032) am Osterfest 1027 zum Kaiser gekrönt. Diese Krönung war eine der prächtigsten des Mittelalters. Anwesend waren König Knut von Dänemark und England, Rudolf III. von Burgund und Abt Odilo von Cluny.

Konrads Herrschaftsverständnis drückte sich auch in der Umgestaltung der Reichsinsignien aus.

Das Reichskreuz wurde mit einer Reliquie vom Kreuz Christi ausgestattet und stieg dadurch in seiner Bedeutung im Vergleich zur sogenannten Mauritius- bzw. Longinus-Lanze; entsprechend dazu wurde die Limburger Klosterkirche eine Hl.-Kreuz-Kirche.

Die Reichskrone ist entweder ganz von Konrad oder sie erhielt ihren (neuen) Bügel von ihm mit der aus Perlen bestehenden Aufschrift CHVONRADUS DEI GRATIA ROMANORV(m) AVG(ustus). Heinrich III., und die späteren Salier haben sich keine eigene neue Krone mehr anfertigen lassen. Tatsächlich hatten die mittelalterlichen Herrscher aber mehrere Kronen. Das Alter der Konrads-Krone in Wien, die neuerdings auch König Konrad III. zugeschrieben worden ist, bleibt aber letztendlich unklar. Auch die Grabkrone Konrads, die bei Ausgrabungen 1900 gefunden wurde, da sein Grab bei den Zerstörungen und Verwüstungen des Speyerer Domes unversehrt geblieben war, zeugt noch von Konrads Selbstverständnis als römischem Kaiser: Sie trägt die Aufschrift *Pacis arator et urbis* – Sämann des Friedens und der Stadt [Rom].

Den Dom zu Speyer gründete Konrad als Grablege für sich und seine Familie. Damit setzte er sich auch von den im

Wormser Dom bestatteten früheren Generationen seines Hauses ab. Der Dombau in Speyer sollte die *memoria* der salischen Kaiserfamilie sichern und daher Bamberg mindestens gleichkommen, besser es übertreffen. Warum gerade Speyer ausgewählt wurde, erklärt Norbert von Iburg in seiner Lebensbeschreibung des Bischofs Benno von Osnabrück (Kap. 4), einer der Baumeister des Domes:

> Zu dieser Zeit aber, da die Stadt Speyer, die am Ufer des Rheins liegt, arm und vom Alter zerfallen schon fast aufgehört hatte, eine Bischofsstadt zu sein, erstarkte sie, erneuert durch Bemühen und Frömmigkeit der Kaiser, die nun dort begraben liegen, wie man dort nun sehen kann. Dieses Gelübde nämlich schienen die frommen Kaiser abgelegt zu haben, dass sie, weil sie die Gelegenheit nicht hatten, ein Bistum in ihrer Königsherrschaft aus ihren eigenen Mitteln zu gründen, dieses, welches schon längst keines mehr war, nach ihren Möglichkeiten wieder herzustellen und ihrer *memoria* zu weihen.
>
> Und weil zu dieser Zeit dorthin aus dem ganzen Reich eine größere Schar von Klerikern von überallher dort zusammenkam, weil er überall in der Umgebung der Eifer um das Reich und der brennendste Eifer um die Wissenschaften hatte entbrennen lassen, erlangte auch Herr Benno, der sich stets zu solchen Orten zu begeben pflegte, durch königliche Großzügigkeit Zutritt zum Königspalast.

Dass der Dom ein Mariendom wurde, entsprach durchaus Konrads Frömmigkeit, die sich unter anderem darin ausdrückte, dass alle Königskrönungen, die er feierte, an einem Marienfesttag stattfanden:

8. September	Königskrönung in Mainz	Mariä Geburt
25. März	Krönung zum König von Italien	Mariä Engelgruß
2. Februar	Krönung zum König von Burgund	Mariä Lichtmess

3.4.2 Ausweitung der Macht und Sicherung der Nachfolge

Die Wahl zum deutschen König in Kamba am 4. September 1024 erwies sich nur als der Beginn von Konrads Aufstieg. Am 25. März 1026 folgte die Krönung zum König von Italien mit der Langobardenkrone. Italien blieb von da an bis zum Ende der Stauferzeit mit dem Reich verbunden. Fast auf den Tag genau ein Jahr später fand die besonders feierliche Kaiserkrönung in Rom durch Papst Johannes XIX. statt.

Am 6. September 1032 starb König Rudolf III. von Burgund ohne Nachkommen. Konrad, den Rudolf auf Veranlassung Giselas, seiner Nichte, bei einem Treffen in Muttenz bei Basel zu seinem Nachfolger bestimmt hatte, beanspruchte umgehend das Erbe des kinderlosen Königs für sich, das ihm allerdings von Graf Odo von der Champagne streitig gemacht wurde. Konrad brach einen bereits begonnenen Polenfeldzug ab und begab sich nach Burgund. So konnte die Wahl zum König bereits am 2. Februar in Peterlingen/Payerne durch Konrads Anhänger erfolgen. Zweier großer Schlachten, 1033 und 1034, bedurfte es jedoch, um den Rivalen auszuschalten, dann erst folgte ein feierlicher, abschließender Krönungsakt in Genf. Anschließend wurde Konrad in Zürich von weiteren burgundischen Adligen als König anerkannt. Für Konrad, der Burgund nicht für sich, sondern für die Krone erworben hatte, bedeutete das Land auch aus strategischen Erwägungen einen enormen Gewinn:

- Alle wichtigen Alpenpässe lagen in diesem Territorium.
- Durch Burgund gelang die Trennung Frankreichs von Italien, die eine Vereinigung zum Zwecke von Aufständen gegen den Kaiser verhinderte.
- Eine solche Vormachtstellung des deutschen Königs bedeutete jedenfalls eine günstige Ausgangslage für die Kaiserkrönung.

Dieses Denken über die eigene Amtszeit hinaus, das starke dynastische Bewusstsein, prägte auch Konrads Sicherung seiner Nachfolge durch seinen Sohn. Im Februar 1026 wurde Heinrich III. zum Nachfolger Konrads designiert, 1027 wurde er auf einem Hoftag in Regensburg zum Herzog von Bayern erhoben. An Ostern 1028, also ein Jahr nach der Kaiserkrönung, erfolgte die Krönung und Salbung Heinrichs zum König in Aachen wiederum durch Bischof Pilgrim von Köln, der auch Gisela gekrönt hatte und zu einem zuverlässigen Gefolgsmann Konrads geworden war.

Vater und Sohn wurden gemeinsam auf Vorder- und Rückseite eines Bleisiegels vom 23. August 1028 dargestellt – ein eindrückliches Zeichen des Mitkaisertums.

Eine ebenbürtige eheliche Verbindung, am besten nach dem Vorbild Kaiser Ottos II., sollte Heinrich III. als König und künftigen Kaiser auszeichnen. Zu diesem Zweck schickte Konrad eine Gesandtschaft an den Hof von Konstantinopel. Dort war die Brautwerbung um eine byzantinische Prinzessin nicht unwillkommen – allein, eine unverheiratete, einigermaßen gleichaltrige Prinzessin konnte nicht gefunden werden. Daher kehrte die Gesandtschaft ohne Braut, dafür aber reich beschenkt mit Schätzen und Reliquien ins Reich zurück.

Nachdem Heinrich im Juli 1028 das Herzogtum Schwaben erhalten hatte, wurde er im Herbst 1038 auf einem Hoftag in Solothurn zum König von Burgund erhoben. Diese Maßnahme diente wie die anderen der Nachfolgesicherung, hatte aber auch einen zweiten willkommenen Effekt: Heinrich war durch seine Mutter Nachkomme des alten burgundischen Königshauses, seine Regierung wurde somit nicht als Fremdherrschaft betrachtet.

Die Idee der Dynastiebildung bleibt letztendlich bis Heinrich V. ein starkes Moment im Bewusstsein aller salischen Herrscher. Das zeigt auch eine Abbildung in einer um 1130 entstandenen Handschrift der Chronik des Ekkehard von Aura: Konrad II. sitzt auf seinem Thron, ein Medaillon mit dem Bild seines Sohnes Heinrich III. haltend. Von diesem geht eine Verbindung zu dem darunter befindlichen Medaillon mit dem Bildnis Heinrichs IV, der wiederum links mit einem Medaillon der Prinzessin Adelheid, und unter den beiden einem Medaillon König Heinrichs V. und König Konrads (Sohn Heinrichs IV.) verbunden ist. Die Auseinandersetzungen zwischen den beiden letzten Generationen um den Thron scheinen ausgelöscht.

3.5 Reichspolitik und Kirchenpolitik

Konrads Reichspolitik und Kirchenpolitik war auf die Durchsetzung der Königsmacht in allen Bereichen des staatlichen Lebens gerichtet. Angesichts des ständigen Machtkampfes zwischen Zentralgewalt (König) und Territorialgewalt (Fürsten), der die deutsche Geschichte bis in die neueste Zeit prägte, galt es dabei besonders, die Fürstenmacht in Schranken zu halten.

Dazu setzten die Salier ein Instrument ein, das ihre Vorgänger so noch nicht angewandt hatten: In Königsurkunden wurde erstmals freies Gut an Unfreie ausgegeben, dies war der Ursprung des Ministerialenstandes. Ministeriale waren Unfreie, sogenannte Eigenknechte, die ihrem Herrn als Krieger, aber auch in der Verwaltung, nicht selten an Stelle der Fürsten, dienten. In salischer Zeit begannen sie, einen eigenen Stand zu bilden, und ihre Ämter wurden erblich; auch zahlenmäßig nahm die Gruppe der Ministerialen in den hundert Jahren der Salierherrschaft zu.

Eine zweite Maßnahme der Salier war die entschiedene Verfechtung des Grundsatzes, dass die Reichsämter sonst grundsätzlich nicht erblich waren. Herzogtümer wurden entweder mit eigenen Leuten besetzt oder mit zuverlässigen Parteigängern. So setzte Konrad 1027 nach dem Tod Heinrichs V. von Bayern die Wahl seines zehnjährigen Sohnes Heinrich zum neuen Herzog durch.

Seine Gegner beseitigte Konrad mehrfach durch Hochverratsprozesse, bei denen die Fürsten einen Urteilsspruch über den Widersacher fällten. Herzog Adalbero von Kärnten aus der Familie der Eppensteiner, der eigenmächtig auf einen Frieden mit Ungarn hingearbeitet und zu diesem Zweck einen Grenzstreifen der Mark Österreich geopfert hatte, hatte nach Konrads Urteil Reichsrecht und Königsrecht verletzt, sodass diesen Rechten wieder Geltung verschafft werden musste. Auch geriet er wegen Ansprüchen in Schwaben mit dem Kaiser in Streit; auch ihm machte Konrad den Prozess wegen Hochverrats. Adalbero wurde abgesetzt. Dies geschah durch Heinrich III., der aber durch Beeinflussung des Bischofs Egilbert von Freising diesen Schuldspruch zuerst nicht fällen wollte. Herzog Adalbero von Kärnten ersetzte Konrad durch seinen Vetter, Konrad den Jüngeren, und nach dessen Tod 1039 wiederum durch seinen Sohn Heinrich.

Zu Konrads Widersachern gehörte auch sein Stiefsohn Ernst II. von Schwaben. Als er sich nach einem ersten Zerwürfnis mit ihm 1026 versöhnt hatte, erhielt Ernst die Abtei Kempten zum Lehen und damit auch den Auftrag der Landfriedenswahrung. Dazu wäre es allerdings erforderlich gewesen, dass Ernst gegen seinen Freund Welf II. eingeschritten wäre, der mit dem Augsburger Bischof eine Fehde austrug. Stattdessen aber nutzte Ernst die Gelegenheit, dass Konrad zu seinem zweiten Italienzug aufgebrochen war, und verbündete sich mit Welf. Die Aufständischen überfielen das Elsass. Als Konrad aus Italien zurückkehrte und vom Stiefsohn auf einem Hoftag zu Ulm Rechenschaft forderte, wollte sich Ernst auf die Unterstützung der Gaugrafen seines Gebietes stützen. Diese aber verstanden ihr Amt, wie auch Konrad, als ein Reichsamt und betonten ihre Treuepflicht gegenüber dem König.

1028 wurde Ernst begnadigt und in sein Herzogtum Schwaben wieder eingesetzt. Dafür sollte er nunmehr seinen Freund und zuverlässigsten Vasall Werner von Kyburg verfolgen, der des Landfriedensbruches angeklagt war. Wiederum war Ernst nicht bereit, seine Freundschaft dem

Amt zu opfern. Die letzte Mahnung zum Gehorsam erging an Ernst auf dem Hoftag zu Ingelheim 1030. Nachdem auch diese ungehört geblieben war, ließ ihn Konrad endgültig absetzen und exkommunizieren. Ernst und Werner wurden zu Feinden des Kaisers und damit für vogelfrei erklärt. Sie wurden am 17. August 1030 von ihren Verfolgern überwältigt und fielen in einem ebenso ungleichen wie verzweifelten Kampf.

Ernsts Leichnam wurde nach Konstanz überführt. Bischof Warmann (Bf. 1026–1034) löste den Toten vom Kirchenbann und bestattete ihn ehrenvoll in der Marienkirche. In das Nekrologium von St. Gallen wurde Ernst als »Zierde der Alemannen« eingetragen. Die Sage, in die er einfloss, hatte ursprünglich Liudolf, den Sohn Ottos des Großen, zum Kern.

Sicherlich war es für Gisela schmerzlich, dass ihr Sohn aus zweiter Ehe, Herzog Ernst von Schwaben, mit Konrad in eine so heftige Feindschaft geriet, und mehrfach konnte sie eine Versöhnung herbeiführen. Doch als dies schließlich nicht mehr gelang, wandte sie sich von ihrem Sohn ab. Neuer Herzog von Schwaben wurde zuerst Ernsts jüngerer Bruder Hermann, dann 1038 Konrads Sohn Heinrich.

Die Herzogtümer Ober- und Niederlothringen wurden nach dem Tod des Herzogs Friedrichs III. von Oberlothringen wieder zusammengelegt, indem Konrad Oberlothringen dem Herzog von Niederlothringen übertrug. Dies war Gozelo aus dem Haus der Ardennergrafen, ein zuverlässiger Parteigänger, der Konrads Machtposition auch im Bezug auf Burgund stärkte.

Nicht nur die Besetzung der Herzogtümer war eine wichtige Angelegenheit für Konrad, auch die Position der Untervasallen seiner Vasallen stärkte er. Wie in Italien schuf er auch im Reich eine enge Bindung zwischen ihnen und dem König. In beiden Ländern achtete er darauf, dass ihre Lehen erblich wurden.

Beim ersten Italienzug hatte Konrad dem Markgrafen Bonifaz von Canossa, auf dessen Treue er sich verlassen konnte, die frei gewordene Markgrafschaft Tuszien übertragen; mit dessen Vormachtstellung in Oberitalien wurde auch Konrads Machtposition sicherer.

Im Laufe des Jahres 1036 erwies sich ein zweiter Italienzug Konrads als notwendig, da sich die von ihm als Bischöfe eingesetzten Vertrauensmänner, besonders Bischof Aribo/Aribert von Mailand, mit den einheimischen Adligen überworfen hatten. Die Italiener brachten ihre Anklagen, vor allem gegen Bischof Aribert von Mailand, vor und fanden Konrads Gehör. Aribert wurde abgesetzt, mit mehreren zu ihm haltenden Bischöfen verfolgt und schließlich aus der Kirche ausgeschlossen. Während dieses Italienaufenthaltes ordnete Konrad auch die Verhältnisse zwischen Normannen und Italienern in Süditalien neu.

Nach seiner Wahl 1024 in Kamba zum deutschen König wandelte Konrad II. in den Bahnen seines Vorgängers Heinrichs II., des Gründers von Bamberg, den die Nachwelt als Heiligen verehrt. Dies gilt nicht nur für die Innen- und Außenpolitik, sondern auch in weiten Bereichen für die Kirchenpolitik. Wie Heinrich II., so hielt auch Konrad II. die Herrschaft über die Reichskirche fest in der Hand. Konrad setzte Bischöfe ab, er ernannte sie, er stattete sie mit Reichsgut aus, verlangte aber auch von ihnen Abgaben und zog sie zum Reichsdienst heran. Konrad II. verschloss sich zwar nicht den Notwendigkeiten der kirchlichen Reform, stärker aber lag ihm die Einheit der Kirche am Herzen. So war es die Sorge um diese Einheit, die bei einer Synode im Kloster Limburg 1038, die der Kaiser leitete, die Entscheidung veranlasste, den Beginn der Adventszeit, der regional variierte, auf den Sonntag festzulegen, der frühestens auf den 27. November und spätestens auf den 3. Dezember fiel, also den vierten Sonntag vor dem Weihnachtsfest. Von dem Beschluss berichten die Speyerer Annalen:

> Unter diesem [Konrad II.] wurde der Streit über die Feier des Adventsbeginns, der in Straßburg unter Erzbischof Bartho von Mainz

> [Bf. 1031–1053] [ausgebrochen war], entschieden und in Limburg beendet. Im 15. Regierungsjahr Konrads [...], also 1038, wurde eine Entscheidung über den Adventsbeginn getroffen. Denn als der vorgenannte Kaiser mit seinem Sohn Heinrich, nachdem dieser die Herrschaft über Burgund angetreten hatte, zurückkehrte und am Sonntag, den 26. November [im Original der 27., es muss aber der 26. gemeint sein] in Straßburg ankam, feierte Wilhelm, der Bischof dieser Stadt, mit allen seinen Geistlichen den Adventsbeginn. Der Kaiser aber und alle, die mit ihm gekommen waren, erwarteten dieses Fest erst eine Woche später. Am folgenden Sonntag aber, welcher der 3. Dezember war, kam der Kaiser in seine neue Abtei Limburg, wo er seine Frau Gisela wiedertraf, und sie feierten gemeinsam den Adventsbeginn. Dort waren aber die Bischöfe Hazecho von Worms, Reginbald von Speyer, Walther von Verona, Heribert von Eichstädt, Godehard von Hildesheim,[1] Dompropst Gozelo von Mainz sowie die Legaten vieler Bischöfe, die dem Straßburger Bischof alle widersprachen und einmütig bekräftigten, dass der Advent nicht vor dem 27. November und nicht nach dem 3. Dezember beginne.

Bei der Kirchenreform, die ihren Ausgangspunkt in der Abtei Cluny hatte, ging es neben der Kloster- und Liturgieerneuerung vor allem um das Verbot von Simonie (Kauf von Ämtern und Weihehandlungen, benannt nach Simon Magier, Apg 8) und Nikolaitismus (Verbindung eines Priesters mit einer Frau, benannt nach der Sekte der Nikolaiten, Offb 2 und erst von den Befürwortern der Kirchenreform auf Priesterehe und Konkubinat bezogen).

Konrad II. entwickelte das sogenannte Ottonische Reichskirchensystem, in dem die Bischöfe – mit fürstlicher Gewalt ausgestattet – Träger der Reichsgewalt waren, das bei den Ottonen erst in Ansätzen entstanden und von Heinrich II. fortgesetzt worden war, weiter.

Die Kirche betrachtete Konrad als Bestandteil seines Machtbereiches, den Papst in Rom als eine Art Bischof der

1 Zum angegebenen Zeitpunkt war diesem bereits Thietmar im Amt nachgefolgt. Dieser Irrtum des Verfassers stellt aber nicht den Inhalt des gesamten Berichts in Frage, da er durch den Zeitabstand zwischen Ereignis und Niederschrift erklärt werden kann.

Reichskirche. Bischöfe setzte er nach eigener Entscheidung ein. Von einer Bischofseinsetzung in Basel berichtet Biograph Wipo im Leben Konrads (Kap. 8):

> Die Stadt Basel liegt in einem Dreiländereck von Burgund, Deutschland und Frankreich. Die Stadt selbst gehört zu Burgund. Diese Stadt fand der König mit einem vakanten Bischofsstuhl vor, dessen Verwalter Adalbero drei Monate, bevor der König kam, in die Ewigkeit eingegangen war. Hier zeigte sich plötzlich eine simonistische Ketzerei und verschwand sofort wieder. Denn während der König und die Königin von einem Geistlichen, einem vornehmen Mann namens Udalricus, der damals zum Bischof gemacht worden ist, einen enormen Betrag für die Bischofserhebung entgegennahmen, wurde der König später zur Reue bewegt und verpflichtete sich eidlich, weder für ein Bischofs- noch für das Amt eines Abtes künftig je wieder Geld zu nehmen, bei welchem Eid er dann getreulich blieb. Sein Sohn, Heinrich III., aber, der später König und Kaiser wurde, verinnerlichte bestens und ohne Einschränkung den väterlichen Eid, denn man sagt, dass er bisher in seinem ganzen Leben noch nie für irgendeine kirchliche Würde einen einzigen Obolus genommen hätte.

Bischöfe wurden unter Konrad auch oft als Grafen eingesetzt, obwohl sie viele Aufgaben des Amtes als Geistliche gar nicht wahrnehmen durften. Diese Tätigkeiten mussten sie gleichsam delegieren, blieben aber in der Verantwortung. Aus den Grafenämtern ergaben sich vermehrte Einnahmen für die Bischöfe. Diese flossen in Form des Königsdienstes, den die Grafen zu leisten hatten, wenigstens teilweise an den König zurück. Durch diese Entwicklung wurden die Bischöfe Integrations- und Stabilitätsfaktor des Reiches.

Die meisten Bistümer und Abteien wurden übrigens mit Männern nach Giselas Wahl besetzt, mit der zusammen Konrad auch viele Urkunden unterzeichnete. Auch ihre diplomatischen Fähigkeiten waren geschätzt. Sie vermittelte Frieden zwischen dem Kaiser und Burgund sowie zwischen dem Kaiser und dem Herzog von Polen. Nach Konrads Tod (1039) ging ihr Einfluss zurück, und es trat auch eine Verstimmung mit ihrem Sohn Heinrich III. auf.

Der Aufstieg der Salier zum Herrscherhaus bewirkte für die Bistümer Worms und Speyer große Veränderungen in ihrem Verhältnis zum König. Die Wormser Kirche, von den früheren Kaisern als Gegengewicht zu den in Worms beheimateten Saliern reich bedacht, geriet durch das schlechte persönliche Verhältnis zwischen Burchard und seinem ehemaligen Schüler Konrad in Distanz zum neuen Herrscher. Nach Burchards Tod war Konrad II. an der Einsetzung seines Nachfolgers Azecho (Bf. 1025–1044) maßgeblich beteiligt.

In Speyer brachte der Dombau für Bischof und Bistum manche Vergünstigung. Das Bistum wurde vermutlich bei den Durchzügen des Kaisers, der ja als Herrscher des Reiches keine feste Residenz hatte, mit Rücksicht auf die Belastungen durch den Dombau von Versorgungsverpflichtungen verschont. Der Speyerer Bischof Reginbald II. (Bf. 1033–1039), dessen Fähigkeiten als Architekt sich schon in seiner Funktion als Abt von Lorsch erwiesen hatten, brauchte keinen Reichsdienst zu leisten, während Konrad bei den Wormser Bischöfen streng seine Rechte einforderte.

Schenkungen erhielt die Speyerer Kirche von Konrad dagegen auffallend wenige, wahrscheinlich gab er die in Speyer investierten Aufwendungen gezielt für den Dom aus.

Neben dem Speyerer Dom und dem dortigen Johannesstift gehörte die Benediktinerabtei Limburg an der Haardt durch Umwandlung der ehemaligen Stammburg in ein Kloster zu den bedeutendsten Gründungen Konrads und Giselas.

Reichssynoden hielt Konrad nur fünf ab. Sie waren kein wesentliches Element seiner Kirchenpolitik.

3.6 *Außenpolitik*

Konrad hatte wie die Ottonen noch mit dem Drang der Ungarn nach Westen zu kämpfen. 1031 führte er einen Feldzug gegen sie an, der allerdings nicht gründlich vorbereitet war und deshalb vor Wien in einer Niederlage endete. Ungarn besänftigte Konrad daher durch die Überlassung der Gebiete Leitha und Fischa.

Gegen Polen, östlich von Elbe und Saale, zog Konrad, nachdem der polnische Herzog Boleslaw Chrobry (»der Tapfere«, reg. 965–1025) aus dem Hause der Piasten sich kurz nach dem Tod Heinrichs II. hatte zum König krönen lassen, ebenso der ihm bald gefolgte Mieszko II. (reg. 1025–1034). Dies stellte einen Verstoß gegen den mit Kaiser Heinrich II. 1018 geschlossenen Vertrag dar und wurde von Konrad als Angriff auf die deutsche Königsmacht gesehen, die es durchzusetzen galt. Konrad gelang es, 1033 nach mehreren Feldzügen und aufgrund seines guten Verhältnisses zu König Knut von Dänemark die polnische Königswürde zu unterbinden und Polen zur Anerkennung der deutschen Lehenshoheit über Polen zu zwingen.

1035 erfolgte die Anerkennung der deutschen Lehenshoheit über Böhmen.

Dass Konrad die Außenpolitik alleine zu lenken gedachte, zeigt die Absetzung Adalberos von Kärnten (Herzog 1011–1035), nachdem dieser eigenmächtige Verhandlungen mit Ungarn geführt hatte.

3.7 Tod in Utrecht

Das Weihnachtsfest 1038 feierte Konrad in seiner Pfalz in Goslar und begab sich im folgenden Frühjahr nach Nimwegen. Am 4. Juni 1039 starb Konrad in Utrecht an Gicht, der letzte Analphabet auf dem römischen Kaiserthron. Er wurde im Dom zu Utrecht aufgebahrt und dann, vermutlich rheinaufwärts, nach Speyer überführt. Die Beerdigung fand am 3. Juli 1039 in dem noch im Bau befindlichen Dom statt, sein Sarg wurde deshalb mit Eisenbändern gesichert.

Konrads Tod erzählt Wipo im 39. Kapitel der Lebensbeschreibung des Kaisers:

Im Jahr 1039 nach Christi Geburt, als Kaiser Konrad darauf vertrauen konnte, dass in seinem Sohn Heinrich die Angelegenheiten des Königtums und die Hoffnung des Reiches gut aufgehoben sein würden, und als fast alles im Lande nach seinem Wunsche sich ergab, in diesem Jahr feierte er das hl. Pfingstfest in Utrecht, einer friesischen Stadt. Als er dort prächtig unter der Krone zur allerheiligsten Feier mit seinem Sohn und der Kaiserin schritt, erfasste ihn am Tisch ein mittelstarker Schmerz. Dennoch verheimlichte er den Schmerz, um die so große Freude dieses Tages nicht zu verderben. Als am folgenden Tag die tödliche Krankheit immer heftiger wirkte, befahl er, dass die Kaiserin mit ihrem Sohn zum Frühstück das Zimmer verlasse. Inzwischen fühlte der Kaiser, dass ihm das Ende bevorstehe; da blieb er, wie er im Leben besonnen war, in seinem Handeln immer beständig und stark, so auch in den letzten Tagen, um nichts weniger treu im Glauben, und nachdem die Bischöfe gerufen worden waren, ließ er Leib und Blut des Herrn sowie das hl. Kreuz mit den Reliquien der Heiligen herbeibringen. Und indem er sich mit Tränen erhob, empfing er demütig nach ehrlicher Beichte und innigem Gebet die Gemeinschaft der Heiligen und die Lossprechung von den Sünden, sagte der Kaiserin und seinem Sohn König Heinrich unter treuen Ermahnungen Lebwohl und schied aus diesem Leben am Montag, den 4. Juni der 7. Indiktion.

Die Eingeweide des Kaisers wurden in Utrecht beigesetzt, und der König stattete den Begräbnisort mit Geschenken und Gütern reich aus. Der übrige Leichnam wurde von der Kaiserin und dem königlichen Sohn, wie man es sich besser nicht vorstellen kann, eingehüllt und in einen Sarg gebettet, nach Köln verbracht und in alle Stifte der Stadt, auch nach Mainz und nach Worms und in alle Orte dazwischen, indem das ganze Volk mitlief und betete, und unglaublich viele Gebete und stattliche Opfergaben wurden für das Heil seiner Seele gespendet.

Und am dreißigsten Tag nach seinem Tod wurde er in der Stadt Speyer, die er selbst als Kaiser wie auch später sein Sohn sehr erhöhte, ehrenvoll bestattet.

4. Heinrich III.

* 28. Oktober 1017
† 5. Oktober 1056 in Bodfeld im Harz
Begräbnis im Dom zu Speyer

1027–1042 Herzog von Bayern
1028 Erhebung zum Mitkönig durch Konrad II.
1038–1045 Herzog von Schwaben
1028 Königskrönung in Aachen (Erzbischof Pilgrim von Köln)
1038 König von Burgund
1039 selbstständige Regierung
1039–1047 Verwalter des Herzogtums Kärnten
25. Dezember 1046 Kaiserkrönung in Rom (Papst Clemens II.)

Eltern: Kaiser Konrad II. & Gisela von Schwaben
1. Ehe: Juni 1036 mit Gunhild, Tochter König Knuts von Dänemark
Kinder: Beatrix (1037/1038–1061)
2. Ehe: November 1043 mit Agnes, Tochter Herzog Wilhelms V. von Aquitanien
Kinder: Adelheid (1045–1096); Gisela (1047–1053); Mathilde (1048–1060); Heinrich IV. (1050–1106), Kaiser; Konrad (1052–1055), 1054–1055 Herzog von Bayern; Judith-Sophie (1054–1092/1096)

4.1 *Kindheit und Jugend*

Heinrich wurde zunächst von seiner Mutter Gisela erzogen, die weit gebildeter war als sein Vater Konrad II. Ebenfalls beteiligt an Heinrichs Erziehung war Hofkaplan Wipo, der spätere Biograph seines Vaters Konrad. Von seinem siebten Lebensjahr an wurde Heinrich durch Bischof Bruno von Augsburg (reg. 1006–1029), den Bruder Kaiser Heinrichs II., erzogen, dann Bischof Egilbert von Freising (reg. 1005–1039) übergeben. In den Urkunden seines Vaters wurde Heinrich schon damals als Zukunft und Hoffnung des Reiches bezeichnet. Heinrich wird in den zeitgenössischen Quellen als gut aussehend beschrieben – schwarzhaarig und hochgewachsen, den Bart geschoren und kostbar gekleidet. Zwischen 1028 und seinem eigenen Regierungsantritt 1039 war er mit mehreren Herzogtümern belehnt worden.

Erste eigene Amtshandlungen betrafen 1031 einen Friedensschluss als Herzog von Bayern mit Ungarn, wenn auch unter Gebietsabtretungen, nämlich Fischa und Leitha. 1033/34 führte Heinrich das Kommando über das bayerische Heer im Krieg gegen den Herzog von Böhmen. Widerspruch gegen den Vater zu erheben, traute sich Heinrich 1035, als dieser Herzog Adalbero von Kärnten absetzte.

Indem Heinrich 1039 viele Ämter auf sich vereinigte, hatte er eine fast unvergleichliche Ausgangsposition als König. Dieses Amt hatte er nämlich nicht nur in Deutschland, sondern auch in Burgund. Außerdem war er Herzog von Bayern und Schwaben und erbte 1039, als bald nach Konrad II. auch Konrad der Jüngere starb, auch das Herzogtum Kärnten. Nach dem Tod seines Vaters trat er die aktive Herrschaft an, mit 22 Jahren, gut vorbereitet auf seine Aufgabe. Auf einen Umritt verzichtete er.

4.2 *Gunhild (Kunigunde) von Dänemark*

* um 1019
† 18. Juli 1038, während des Italienzuges der Kaiserfamilie
Begräbnis in der Abteikirche Limburg

Eltern: Knut d. Gr., König von Dänemark, England und Norwegen & Emma von der Normandie
Ehe: 1036 mit Heinrich III.
*Kinder: Beatrix (*1037)*

Heinrichs erste Frau war Prinzessin Gunhild von Dänemark. Im Gegensatz zu den in Erwägung gezogenen byzantinischen Prinzessinnen passte sie vom Alter her gut zu ihm, denn sie war um 1019 geboren, war also zwei Jahre jünger als er. Ihre Eltern waren König Knut d. Gr. König von Dänemark (König v. Dänemark 1019–1035) und dessen Frau Emma von der Normandie. Gunhild dürfte etwa sechs Jahre alt gewesen sein, als sie Ende 1025 im Rahmen eines Friedensbündnisses zwischen Knut und Konrad II. als Friedenspfand diente. Von ihrem Vater wurde sie zur Gemahlin des künftigen deutschen Königs Heinrich ausersehen.

Im Mai 1035 wurden die Königskinder in Bamberg miteinander verlobt, am 29. Juni 1036, an Pfingsten, fand die Hochzeit in Nimwegen statt. Gunhild wurde damals zur Königin gekrönt und ihr nordischer Name in Kunigunde geändert. Bald nach der Geburt ihrer Tochter Beatrix (der Name erinnert an die kurz zuvor verstorbene Tochter von Konrad II. und Gisela), starb Gunhild/Kunigunde am 18. Juli 1038 in Oberitalien an plötzlich auftretendem Fieber.

Tochter Beatrix (geb. 1037) war beim Tod der Mutter fünf Monate alt. Sie wurde 1046 Äbtissin der bedeutenden Reichsabteien Quedlinburg und Gandersheim und starb am 13. Juli 1061.

Gunhild wurde in der Abteikirche Limburg, dem salischen Hauskloster, beigesetzt. Das Grab wurde 1935 geöffnet und untersucht. Es war allerdings schon zuvor ausgeplündert worden – möglicherweise bei der Säkularisierung der Abtei 1504 –, und die Untersuchung brachte keine besonderen neuen Erkenntnisse.

4.3 *Reichspolitik Heinrichs*

Bei Heinrich III. gelang der einzige komplikationslose Machtübergang des salischen Jahrhunderts. Auch mit den ersten Amtshandlungen weckte Heinrich bei den Fürsten Hoffnungen auf eine ersprießliche Regierung. Sein Herrschaftsverständnis entsprach, zumal am Anfang, im Wesentlichen den Empfehlungen, die ihm Wipo in dessen Werken *Proverbia* und *Tetralogus* gegeben hatte: In der Durchsetzung des Rechts, dessen Abmilderung durch Gnade und in der Wahrung des Friedens erweist sich der Herrscher als tatsächlicher Stellvertreter Christi.

Schon früh musste er sich um die Verhältnisse in Italien kümmern. Erzbischof Aribo/Aribert von Mailand war von Heinrichs Vater Konrad belagert worden. Heinrich dagegen söhnte sich mit ihm aus und gewann so Ansehen in Oberitalien.

Die Verpflichtung zur Friedensstiftung in seinem fehdegeplagten Reich nahm Heinrich sehr ernst. Friedens- und Versöhnungspolitik verschafften ihm auch bei den Fürsten des Reiches Zustimmung und Ansehen. Die in Südfrankreich entstandene Idee des Gottesfriedens griff er in abgewandelter Form auf und rief im Reich mehrfach den sogenannten Königsfrieden aus, der allein in der Person des Herrschers begründet liegt. Dies war durchaus kennzeichnend für sein Herrschaftsverständnis. Zu diesem Zweck wurden Sühneverträge unter Feinden abgeschlossen. Auch Heinrich selbst vergab seinen Feinden bei mehreren Gelegenheiten. Auf der Konstanzer Synode 1043, kurz nach dem Sieg über Ungarn, hielt er eine Friedenspredigt im Kloster St. Gallen.

Die entschlossene Politik seines Vaters zur Stärkung der Zentralgewalt gegenüber der Partikulargewalt der Herzöge setzte er fort. Die süddeutschen Herzogtümer besetzte Heinrich längere Zeit nicht, was seinen Machtanspruch gegenüber den Fürsten dokumentierte. Dann vergab er sie bevorzugt an Männer, deren Besitzungen nicht in den Herzogtümern lagen, die so in ihren Herzogtümern auf keine Machtbasis zurückgreifen konnten außer auf die Legitimation durch den König.

Bayern vergab er an Heinrich VII. aus dem Hause Luxemburg/Lützelburg, wohl auch wegen der unsicheren Lage an der ungarischen Grenze; auch Herzog Heinrich VII. war stammesfremd, die Amtseinsetzung geschah in Basel ohne die Mitwirkung der bayerischen Fürsten. Nach Heinrichs VII. Tod übertrug der König das Herzogtum Konrad aus der Familie der Ezzonen.

Schwaben erhielt Otto II. (reg. 1045–1047) und danach der Schweinfurter Otto III. (reg. 1048–1057) im Tausch gegen Kaiserswerth und Duisburg. Kärnten erhielt Welf III. (gest. 1055), der Letzte der älteren Welfen-Linie. Da die neuen Landesherren nicht selbst aus ihren Herzogtümern stammten, waren sie umso mehr vom König abhängig.

Eine Ausnahme bei dieser Besetzungspolitik bildete Sachsen. In diesem Herzogtum regierte seit 100 Jahren das Haus der Billunger, seit 1011 in Person Herzog Bernhards II. (reg. 1011–1059). Hier musste Heinrich seine Macht auf andere Weise durchzusetzen versuchen. Heinrich förderte besonders die sächsischen Bistümer Hildesheim, Halberstadt und Hamburg-Bremen, das mit Graf Adalbert von Goseck (EB 1043–1072) mit einer starken Persönlichkeit besetzt wurde, die ein Gegengewicht gegen die Billunger setzte. Heinrich baute aber auch sein Reichsgut im Harz aus, Goslar wurde seine wichtigste Pfalz, was er durch die Gründung des Stiftes St. Simon und Judas bekräftigte, an dem künftige, für das Reich bedeutende Bischöfe ausgebildet werden sollten. Dies schwächte die Position des alten sächsischen Vorortes Werla. Für den Ausbau Goslars nutzte Heinrich III. massiv die in Sachsen befindlichen Silbergruben.

Zu Spannungen mit Sachsen kam es verstärkt nach einem vereitelten Attentat auf Heinrich III. bei seinem Aufenthalt am Königshof Lesum. An dessen Vorbereitung waren die Billunger selbst beteiligt. Der Verschwörung beschuldigt wurde Graf Thietmar, der Bruder Herzog Bernhards II. von Sachsen. In einem Zweikampf gegen seinen Ankläger und Lehensmann Arnold, durch den Thietmar die Beschuldigung widerlegen wollte, fiel er. Heinrichs Parteigänger Adalbert von Bremen hielt die Billunger zwar in Schach, vertiefte aber auch den Graben zwischen ihnen und dem König.

Der von Konrad II. mit Ober- und Niederlothringen belehnte Herzog Gozelo war auch für dessen Sohn Heinrich III.

eine zuverlässige Unterstützung. Nach seinem Tod aber beschloss Heinrich die erneute Teilung Lothringens unter den zwei Söhnen: Oberlothringen ging an Gottfried den Bärtigen (reg. 1044–1046), Gozelo II. (reg. 1044–1046) erhielt Niederlothringen. Bis Heinrich den Widerstand des Herzogtums Lothringen gegen diese Maßnahme durchgesetzt hatte, bedurfte es allerdings jahrelanger Kämpfe 1044–1045 und 1047–1049.

Gottfried, der Fähigere von beiden, wollte nämlich das ganze Herzogtum, dessen Zusammenhalt er gemäß der Pflicht gegen Land und Familie auch anzustreben hatte, und widersetzte sich Heinrich. Deswegen ließ ihn Heinrich auf dem Hoftag zu Aachen 1046 absetzen.

Dies akzeptierte Gottfried nicht und unternahm Überfälle auf die lothringischen Anhänger Heinrichs. Gottfried wurde von Heinrich für ein Jahr in Haft genommen und dann wieder in sein Herzogtum eingesetzt. Das durch Gozelos II. Tod frei gewordene Niederlothringen erhielt der Luxemburger/Lützelburger Friedrich (reg. 1046–1065). Die Teilung des mächtigen Herzogtums schwächte zwar – wie von Heinrich geplant – die Fürstenopposition im Westen, aber sie führte auch zu einer Zersplitterung der Territorien an der Grenze zu Frankreich.

1046/47 unternahm Heinrich III. einen Romzug, um sich zum Kaiser krönen zu lassen. Ein Feldzug nach Süditalien sollte bei dieser Gelegenheit eine neue Ordnung für dieses Gebiet bewirken. Heinrich belehnte die Normannen mit Apulien und Benevent, doch gelang ihm keine nachhaltige Friedensstiftung. Vielmehr entwickelte sich im Süden unter Besetzung auch byzantinischer Gebiete ein neuer Machtfaktor.

Nach seiner Rückkehr musste Heinrich den Kampf mit Gottfried wieder aufnehmen. Dessen Verbündeter Dietrich von Holland überfiel kaisertreue Bistümer, z. B. Utrecht. Zu diesen Aufständischen gesellten sich noch Balduin V. von Flandern (reg. 1035–1067) und Hermann von Hennegau (reg. 1049–1051). Erneut setzte Heinrich Gottfried ab und erhob

Gerhard zum Herzog von Oberlothringen, dessen Familie dort bis 1735 regieren sollte. Balduin V. bezwang Heinrich im Bündnis mit Dänemark und England. Gottfried, der seinen Kampf nicht aufgeben wollte, wurde 1049 exkommuniziert und musste sich Heinrich unterwerfen.

Eine weitere Front hatte sich inzwischen in Ungarn aufgetan: Der von Heinrich dort eingesetzte König Peter war von Andreas abgesetzt und geblendet worden. Konrad von Bayern, der mit Heinrichs Ungarnpolitik nicht einverstanden war, setzte Heinrich ab. Dieser floh mit Hilfe Welfs III. von Kärnten nach Ungarn und fiel im folgenden Jahr mit König Andreas, den er von einem Friedensschluss mit Heinrich abgehalten hatte, und ungarischen Truppen in die Karantanische Mark ein (die jetzige Steiermark). Diesem Aufstand gegen Heinrich III. traten Pfalzgraf Aribo II. von Bayern mit seinem Bruder Boto, ferner Bischof Gebhard von Regensburg sowie weitere Fürsten bei. Diese gefährliche Situation löste sich für Heinrich nur durch den jeweils schnellen Tod Konrads von Bayern und Welfs von Kärnten günstig auf. Welf, der im November 1055 auf den Tod erkrankte, gestand die Verschwörung und nannte dem Kaiser seine Mitverschwörer. Er bat Heinrich III. um Vergebung und vererbte ihm den Hof Utting am Ammersee. Das Herzogtum Kärnten erhielt 1056 Konrad III. (reg. 1056–1061), aus der Familie der rheinischen Pfalzgrafen. Heinrich wollte sich damit die Treue dieser Familie sichern.

1053 wollte Heinrich seinen Sohn Heinrich IV. in Tribur zum Mitkönig wählen lassen. Doch die Fürsten gewährten ihm dies nicht ohne Bedingung. Heinrich IV., so ihr Beschluss, dürfe nur König werden, wenn er das Recht achte. Erstmals wurde bei einer Königswahl eine Bedingung in dieser Form gestellt. Die Unzufriedenheit der Fürsten mit Machtentfaltung und Regierungsweise, besonders hinsichtlich des Umgangs mit der Herzogwürde, zeigte sich überdeutlich.

Der entmachtete Herzog von Oberlothringen, Gottfried der Bärtige, heiratete Beatrix, die Witwe Bonifaz' von Tuszien und erwarb so eine neue Machtposition in Oberitalien. Dies forderte 1055 einen neuen Italienzug Heinrichs heraus, der Gottfried nach Lothringen vertrieb und dessen Ehefrau Beatrix und Tochter Mathilde in seine Gewalt brachte und nach Deutschland entführte. In seinem Zorn verlangte Heinrich von Papst Viktor II. auch die Auslieferung von Gottfrieds Bruder Friedrich von Lothringen, einem Kleriker in Rom. Diesem gelang es, durch den Eintritt in das Kloster Monte Cassino der Verhaftung zu entgehen. Ausgeschaltet war Friedrich damit allerdings nicht, denn er wurde schon nach wenigen Jahren Abt des Klosters und schließlich Papst mit dem Namen Stephan IX. Von Heinrichs Regierungsantritt 1039 bis zu Friedrichs Wahl 1057 hatte sich die römische Kirche – nicht zuletzt durch Heinrichs Eingreifen – sehr verändert.

4.4 *Agnes von Poitou*

* um 1025
† 14. Dezember 1077 in Rom
Begräbnis im Petersdom in Rom

1055–1061 Verwalterin des Herzogtums Bayern
1056–1065 Regentin des Reiches

Eltern: Wilhelm V. Herzog von Aquitanien und Poitou & Agnes von Burgund
Ehe: 1043 mit Heinrich III.
Kinder: Adelheid (1045–1096); Gisela (1047–1053); Mathilde (1048–1060); Heinrich IV. (1050–1106), Kaiser; Konrad (1052–1055), 1054–1055 Herzog von Bayern; Judith-Sophie (1054–1092/1096)

Agnes stammte aus einer südfranzösischen Adelsfamilie, die einst das Kloster Cluny gegründet hatte. Ihre Eltern waren Herzog Wilhelm V. von Aquitanien und Poitou (gest. 1030) und die mit ihm in seiner dritten Ehe verheiratete Agnes von

Burgund. Auch diese Familie hatte sich einst gegen die Übernahme der burgundischen Königswürde durch die Salier gewehrt.

Agnes wurde um 1025 geboren. Sie war sehr gebildet und sehr fromm. Mit dem Einverständnis des französischen Königs Heinrich I. trafen sich Heinrich III. und Agnes im November 1043 zum ersten Mal in Besançon. Dort wurde Verlobung gefeiert. Ende desselben Monats fand Agnes' Krönung in Mainz statt, darauf die Hochzeit in Ingelheim, erst fünf Jahre nach Gunhilds Tod und nachdem Heinrich ein Heiratsangebot aus Kiew mit einer Tochter König Jaroslaws des Weisen ausgeschlagen hatte. Das Paar bekam sechs Kinder: Adelheid (Herbst 1045 – 11. Januar 1096), Äbtissin von Gandersheim und Quedlinburg; Gisela (Frühjahr 1047 – 6. Mai 1053 (?), jedenfalls vor 1058); Mathilde (Oktober 1048 – 12. Mai 1060), die mit zwölf Jahren Rudolf von Rheinfelden, den Herzog von Schwaben, heiratete und wenige Monate später starb; Heinrich IV. (1050–1106), getauft an Ostern 1051 von Abt Hugo von Cluny, der spätere Kaiser; Konrad (September/Oktober 1052 – 10. April 1055), 1054–1055 auch Herzog von Bayern, und Judith-Sophie (1054 – 14. März 1092/1096), verheiratet 1063 mit König Salomo von Ungarn, nach dessen Tod 1088 mit Herzog Wladislaw-Hermann von Polen.

Auch Heinrich und Agnes bauten, wie Konrad und Gisela, auf Konsolidierung ihrer Macht und frühzeitige Sicherung der Nachfolge. Sohn Konrad wurde als Kind Herzog von Bayern, ihm folgte nach seinem frühen Tod seine Mutter Agnes. Heinrich (IV.), schon 1053 zum Mitkönig erhoben, wird mit kaum sechs Jahren mit Bertha von Turin/Savoyen verheiratet, um eine engere Verbindung zwischen Oberitalien und den Saliern zu schaffen.

Die junge Königin war vom Reformgeist des Klosters Cluny geprägt und machte den König mit dieser Reform stärker vertraut.

Agnes starb am 14. Dezember 1077 im Kloster Fruttuaria bei Rom und wurde 1078 im alten Petersdom bestattet.

4.5 *Kirchen- und Klosterreform*

4.5.1 Kirche im Reich

Zu den vornehmsten Aufgaben des Herrschers gehörte auch der Schutz der Kirche. Sie musste im Gegenzug auch die Rechte des Königs anerkennen. Eine Abtswahl, in die er nicht ordnungsgemäß einbezogen worden war, machte Heinrich rückgängig.

Eine günstige Voraussetzung für die Kloster- und Kirchenreform hatte bereits Konrad II. zusammen mit seiner Frau Gisela geschaffen, indem sie mehrheitlich geistig und geistlich fähige Personen zu kirchlichen Würdenträgern machten.

Heinrich III. wollte Kirche und Staat zusammen regieren, Herr des Reiches und der Kirche sein. Dabei unterschätzte er die Kraft der Ideen von der Freiheit der Kirche, die durch die Ämterbesetzungspolitik seines Vaters bereits gestärkt worden war. Und so traten schon unter ihm die Kräfte auf den Plan, die Anstoß daran nahmen, dass Bischöfe gleichzeitig mit Reichsgut ausgestattet waren, und dies als Simonie, als Schacher mit geistlichen Dingen, bezeichneten, was jahrhundertelang, auch unter Konrad II. Übung gewesen war und was die Kirche praktisch geduldet hatte.

Heinrich III. konnte auf dem Hintergrund seines Herrschaftsverständnisses freilich nicht überschauen, dass in seinen Reformbemühungen und im Fortschreiten der Reform bereits die Auflösung dieser Einheit von weltlicher und geistlicher Macht notwendigerweise vorgezeichnet war.

Er förderte die Reichskirche auf vielfältige Weise, am meisten die Bistümer Halberstadt und Hildesheim. Mit den vielen Konfiszierungen von Adelsbesitz und den Schenkungen an die Kirche folgte er der Reichskirchenpolitik seines Vaters und den sächsischen Vorgängern. Heinrich schuf sich damit Feinde im Adel und verlässliche Freunde unter den Bischöfen. So gewann die Rolle der Bischöfe in Reichsangelegenheiten an Bedeutung, woraus sich ein erhebliches Spannungspotenzial entwickelte: Einerseits besaß Heinrich III. ein sensibles Rechtsbewusstsein und Respekt vor dem priesterlichen Amt, andererseits leitete er aus seinem theokratischen Herrschaftsverständnis das Recht ab, Bischöfe durch die Verleihung von Stab und Ring einzusetzen, was einer Weihe nahe kam.

Heinrich war ein entschlossener Befürworter der Kirchenreform des 11. Jahrhunderts, der sein Vater Konrad noch relativ gleichgültig gegenübergestanden hatte. Die vom Mönchtum ausgehende Erneuerung der Kirche dehnte Heinrich auf die Bischöfe aus, indem er sich vor allem gegen die Simonie, also den Kauf oder Verkauf von kirchlichen Ämtern und sakramentalen Handlungen, wandte. In diesem Missstand sah Heinrich, wie die führenden Theologen seiner Zeit, nicht nur ein Laster, sondern eine Glaubensverletzung, die das allgemeine Heil ernsthaft bedrohte. Heinrich nahm auch selbst für die Einsetzung von Bischöfen keine Gegenleistung an.

In Speyer regierte ziemlich zeitgleich mit der Herrschaft Heinrichs III. – und meist in gutem Einvernehmen mit dem Kaiser – Bischof Sigibodo (Bf. 1038–1054). Zu einem Streit mit Heinrich kam es jedoch an Ostern 1052, da der Bischof durch überdimensionale Vergrößerung der salischen Grablege die Funktion des Domes als seiner Bischofskirche beeinträchtigt sah. Das Gräberfeld unter dem Dom wurde später – wohl auf bischöfliche Initiative hin – wieder verkleinert. Die Saliergräber wurden übermauert und mit einem Sockel versehen.

Bei aller Treue zum Kaiser wahrten die Bischöfe ihren Rang. Die Schenkungen Heinrichs III. begünstigten gleichzeitig Bischof und Domkapitel, zwischen denen die Aufgaben und Rechte klarer abgegrenzt wurden als zuvor. Hofkapelle und Bischofsämter wurden enger miteinander verbunden.

In der Hofkapelle gab es ferner das Amt des Erzkaplans, das mit dem des Erzkanzlers bei derselben Person lag. Dieses führte traditionell der Erzbischof von Mainz. Heinrich trennte aber die beiden Ämter, also das geistliche vom juristischen. Das Amt des Erzkaplans verschwand mit der Zeit ganz, indem die Hofkapelle von einem anderen Geistlichen geleitet wurde. Während nun der Erzkanzlertitel beim Erzbischof von Mainz verblieb, wurden die Geschäfte von einem Kanzler geführt. Dessen Bedeutung stieg in dem Maße, in dem das Urkundenwesen ausgebaut und verfeinert wurde.

Die Hofkapelle war auch Ort des geistigen Austausches für Heinrich, es gab gemeinsame Schriftlesungen und gelehrte Diskussionen; auch die Anregung der heute Carmina Cantabrigiensia genannten Liedersammlung zum Vortrag am Hof ging von dieser Versammlung aus. Die Sammlung enthält auch ein Krönungslied auf Heinrich III.

Zur Hofkapelle gehörte auch noch bis zu seinem Tod Wipo, der schon Konrad II. in dieser Funktion gedient hatte und für Heinrich nicht nur die bereits erwähnten Werke *Tetralogus* und *Proverbia* geschaffen hatte, sondern auch eine Lebensbeschreibung Konrads verfasste, die das Idealbild eines Fürsten umreißt.

Die Pracht der Hofkapelle rief aber nicht nur Bewunderung, sondern auch Kritik hervor, z. B. bei Abt Siegfried von Gorze (Abt 1031–1055) und Abt Poppo von Stablo (Abt 1020–1048), die Kleidung, Haartracht und Rüstung nach dem Vorbild des Westfrankenreiches rügten.

4.5.2 Heinrichs Italienzug und die Kirche in Rom

Als sich Heinrich bei seinem Italienzug zum Zwecke der Kaiserkrönung Rom näherte, stritten drei Päpste mit je eigener Anhängerschaft um das Amt des Bischofs von Rom: Theophylactus III. von Tusculum (Benedikt IX.), Johannes von Sabina (Silvester III.) und Benedikts Neffe Johannes Gratianus von Pierleone (Gregor VI.).

Benedikt IX. war wohl nicht so moralisch verkommen, wie es in manchen Quellen überliefert wird, und bestimmt nicht erst zehn oder zwölf Jahre alt, aber doch wegen seiner Laster schon mehrmals aus Rom vertrieben worden. Er bemühte sich immerhin um eine straffere Organisation der Kirchenleitung und war eine Stütze der Politik Kaiser Konrads II.

Sylvester III. war am 20. Januar 1045 gegen die Tusculaner von den Crescentiern auf den Papstthron gehoben worden, wurde aber schon im Februar 1045 von seinen Gegnern wieder vertrieben. Er kehrte in sein Bistum Sabina zurück und starb dort 1046.

Gregor VI., der bisherige Erzpriester von St. Johann an der Porta Latina, war das Patenkind seines Vorvorgängers, der nach manchen Berichten das Interesse am Papstamt verloren hatte und eine Heirat erwog. Gregor war geweihter Priester und stand auf der Seite der Reformer, die seinen Amtsantritt durchaus begrüßten. Doch hatte er wohl seinen Paten für die Überlassung des Amtes bezahlt. Die näheren Umstände des Vertrages sind allerdings nicht bekannt und können aus den Quellen aufgrund der darin herrschenden Polemik nur schwer erschlossen werden.

Auf seinem Zug hatte Heinrich III., der noch in Oberitalien mit seiner Kernaufgabe als Herrscher, der Rechtsprechung, beschäftigt war, bereits auf der Synode von Pavia das Simonieverbot bekräftigt. Mit Gregor traf der König zunächst in Piacenza zusammen und schien mit den Verhandlungen über die bevorstehende Krönung zufrieden. Er schloss sogar eine Gebetsverbrüderung mit dem Papst. Nachdem er jedoch erfahren hatte, dass auch Gregors Weg ins Papstamt nicht mit den strengen Prinzipien der Kirchenreform vereinbar war und damit auch seine eigene Krönung antastbar gemacht hätte – denn er wollte die Kaiserkrone unbedingt von einem würdigen Papst empfangen –, berief Heinrich für den 20. Dezember eine Synode nach Sutri ein.

Diese wurde zunächst von Papst Gregor geleitet. Der erste Beschluss war die Verurteilung und Absetzung Sylvesters III., der ebenfalls teilnahm. Anschließend ging es um

Gregor selbst. Er berichtete freimütig über die Umstände seiner Amtsübernahme. Dies wurde von der Synode als Simonie verurteilt. Gregor wurde zum Rücktritt gezwungen.

Über das Schicksal Benedikts IX. entschied eine Synode in Rom am 23./24. Dezember. Auch er wurde abgesetzt. Johannes/Sylvester sah Heinrich nicht als Gefahr, weshalb er in sein Bistum zurückkehren durfte, Gregor musste ins Exil nach Deutschland und wurde dabei von dem Mönch Hildebrand begleitet. Er starb 1047 in Köln. Benedikt war zur Synode gar nicht erschienen, weshalb Heinrich über ihn nicht verfügen konnte.

Die Vorgänge beschreibt Leo von Marsica in der Chronik des Klosters von Monte Cassino 2,77:

> Als ferner in Rom Papst Benedikt zwölf Jahre lang den Apostolischen Stuhl mehr okkupiert als gehütet hatte, wurde er von den Römern vertrieben, und Bischof Johannes von Sabina, der sich Silvester nannte, kam ins römische Bischofsamt. Doch auch er war nicht willkommen. Als dieser das Amt drei Monate ausgeübt hatte, besetzte erneut der vertriebene Benedikt, unterstützt von seinen reichen Verwandten, den römischen Bischofsthron, nachdem er seinerseits Silvester vertrieben hatte. Und nicht viel später, als er begriff, dass er allen zuwider und verhasst war, verkaufte er an einen gewissen Erzpriester Johannes, der für etwas frommer gehalten wurde, indem er von diesem Geld annahm – Wehe! – das Papstamt, um darauf selbst ganz frei seinen Begierden nachgeben zu können, und zog sich in seine Heimat zurück.
>
> Schon hatte der genannte Erzpriester, dem der Name Gregor beigelegt worden war, zwei Jahre und acht Monate dem Apostolischen Stuhl vorgestanden, als Kaiser Heinrich, der Sohn Konrads, nachdem er so viel Frevelhaftes über den Apostolischen Stuhl in Rom gehört hatte, vom Himmel geschickt, nach Italien zog und sich Rom näherte, und zwar im Jahr des Herrn 1046. Dieser wünschte, den apostolischen Stuhl von solchen Häresien zu reinigen, hielt in Sutri an und beschloss, da er über eine so wichtige Sache nachdenken wollte, ein allgemeines Konzil der Bischöfe abzuhalten. Er ließ also nach ihnen schicken, und nachdem er eine große Menge von Bischöfen, Äbten und Geistlichen versammelt hatte, lud er auch den römischen Papst, der diesem Konzil vorsitzen sollte, geziemend ein. Was weiter?

> Nachdem das Konzil gehalten und Gregor durch die synodalen und kanonischen Beschlüsse der Simonie überführt worden war, trat er freiwillig von seinem Amt zurück, zog die geistlichen und bischöflichen Gewänder aus, legte sich flach auf den Boden und bat, aller Ämter und Ehren beraubt, demütig um Verzeihung. Nachdem dies geschehen war, kam der Kaiser sehr erfreut mit allen Bischöfen dieses Konzils nach Rom, und nachdem in der Kirche des hl. Apostels Petrus der Klerus versammelt worden war, erläuterte er, was er in Sutri entschieden hatte und begann, über seine eigene Krönung in der römischen Kirche zu verhandeln.

Heinrichs Maßnahmen riefen nicht nur in römischen Adelskreisen Kritik hervor, sondern auch bei Theologen. Wazo von Lüttich (Bf. 1042–1048) z. B. bestritt, dass über einen Papst überhaupt jemand richten könne. Insofern seien die Beschlüsse von Rom und Sutri ungültig. Der namentlich nicht bekannte Verfasser von *De ordinando pontifice* erklärte, Heinrich habe den Papst abgesetzt, den er nicht einmal wählen dürfe. Heinrich war bei diesen Beschlüssen übrigens formal gar nicht tätig geworden. Allein seine Anwesenheit war wirkmächtig genug, und dadurch geriet der Vorgang zur einmaligen Machtdemonstration.

Die nun entstandene Sedisvakanz bot Heinrich die Möglichkeit, einen eigenen, moralisch unzweifelhaften Kandidaten, einen Verfechter der Kirchenreform ins Papstamt zu bringen. Freilich war ihm – nach den Erfahrungen Bruns/Gregors V. – auch daran gelegen, den römischen Stadtadel ruhigzustellen.

Heinrichs Wunschkandidat, Bischof Adalbert von Bremen, lehnte eine Wahl zum Papst ab.

4.6 Die deutschen Päpste

4.6.1 Suidger von Morsleben und Hornburg, Bischof von Bamberg – Papst Clemens II.

* 1005 in Hornburg
† 9. Oktober 1047 in Rom
Begräbnis im Dom zu Bamberg, als einziger Papst nördlich der Alpen

1035 Hofkaplan
1040 Bischof von Bamberg
25. Dezember 1046 Papst Clemens II.

Eltern: Konrad von Morsleben und Hornburg/Sachsen & Amulrad, Schwester Erzbischof Walthards von Magdeburg

Suidger stammte aus der sächsischen Adelsfamilie von Morsleben und Hornburg. Sein Onkel war Erzbischof von Magdeburg, Suidger wurde aber in der Domschule zu Halberstadt ausgebildet. Vielleicht wurde er schon 1035 Hofkaplan. Heinrich III. war er jedenfalls als entschiedener Vertreter der Kirchenreform vertraut. Wie viele Männer aus Heinrichs Hofkapelle erhielt auch Suidger ein Bistum. 1040 wurde er zum zweiten Bischof in dem noch jungen Bistum Bamberg erhoben.

Am ersten Weihnachtstag 1046 wurde Suidger zum Papst gewählt und als Clemens II. in sein Amt eingeführt. Als erste Amtshandlung krönte er Heinrich III. und Agnes zum Kaiser und zur Kaiserin. Danach wurde Heinrich zum Patricius Romanorum ausgerufen, was die gerade erfolgte Papstwahl politisch legitimieren und ihm bei künftigen Papstwahlen durch Klerus und Volk von Rom mehr Mitsprache sichern sollte. Sein Bistum Bamberg behielt Suidger bei.

Auf einer Synode in Rom Anfang Januar 1047 verurteilte er erneut heftig Simonie und Priesterehe. Gemeinsam reisten Papst und Kaiser nach Süditalien, um dort die Macht der

Normannen zurückzudrängen, was aber nicht langfristig gelang.

Er traf auch Odilo von Cluny persönlich. Während einer Pastoralvisitation in der Mark Ancona und der Romagna starb Clemens II. am 9. Oktober 1047. Als einziger Papst wurde er nördlich beigesetzt, nämlich im Dom zu Bamberg.

Gerüchte über seine Ermordung, eventuell durch Gift, konnten weder von Historikern noch von Toxikologen bestätigt werden.

4.6.2 Poppo Bischof von Brixen – Papst Damasus II.

* unbekannt
† 9. August 1048 in Palestrina
Begräbnis in der Kirche San Lorenzo fuori le Muri in Rom

1040 Bischof von Brixen
17. Juli 1048 Papst Damasus II.

Eltern: aus bayerischem oder fränkischem Adel

Schnell kehrte nach Clemens' II. Tod Benedikt IX. nach Rom zurück. Mit seinem mächtigen Unterstützer Bonifaz von Tuszien versuchte er noch einmal, sich zu behaupten. Der Kaiser, der von der Situation arg überrascht worden war, beriet die Nachfolge inzwischen mit einer römischen Delegation. Er forderte ein Gutachten von Wazo von Lüttich. Es dauerte Monate, bis ein neuer Papst eingesetzt wurde.

Bischof Poppo von Brixen stammte aus bayerischem oder fränkischem Adel und wurde möglicherweise in Ering am Inn geboren. 1040 war er Bischof von Brixen geworden, und er hatte Heinrich 1043 nach Ungarn und 1046/47 nach Italien begleitet. Heinrich gelang es aber, Bonifaz von Tuszien zur Unterstützung Poppos zu bewegen. Er brachte ihn nach Rom.

Mit der Namenswahl Damasus II. knüpfte Poppo an eine bemerkenswerte Tradition an: Papst Damasus I. (reg. 366–

384) hatte sich zunächst gegen seinen Widersacher Ursinus durchsetzen müssen. Dann führte er einen Beschluss über die freie Papstwahl herbei, bemühte sich aufrichtig um eine enge Verbindung zur Ostkirche. In seiner Regierungszeit war das römisch-katholische Christentum Staatsreligion im ganzen Reich geworden. Damasus I. berief das II. Konzil von Konstantinopel ein und veranlasste die Abfassung der lateinischen Bibelversion, der Vulgata durch Hieronymus. Er pflegte die Verehrung der Märtyrer und wird selbst als Heiliger verehrt.

Auch Damasus II. behielt sein altes Bistum. Aber nach einer Amtszeit von nur 23 Tagen, einer der kürzesten in der Papstgeschichte, starb Damasus II. in Rom und wurde in der Kirche San Lorenzo fuori le Muri beigesetzt.

4.6.3 Bruno von Toul, Graf von Egisheim-Dagsburg – Papst Leo IX.

* 1002
† 19. April 1054 in Rom
Begräbnis im Petersdom, Rom

1026 Bischof von Toul
12. Februar 1049 Papst Leo IX.

Eltern: Grafen von Egisheim-Dagsburg

Wieder musste Heinrich über die Einsetzung eines neuen Papstes verhandeln. Auf dem Reichstag zu Worms 1048 wurde schließlich ein Kandidat ausgewählt: Bischof Bruno von Toul, Graf von Egisheim-Dagsburg, war ein Vetter Heinrichs III. und hatte als junger Domherr im Kontingent seines Bistums den Heereszug Konrads II. nach Italien mitgemacht. Er galt als zuverlässiger Parteigänger der Salier, war aber viel zu eigenständig, als dass er hätte Marionette Heinrichs sein können.

Bruno hatte auch schon in Sachsen die Kirchenreform vorangebracht. Er besaß enge Verbindungen zu den Reformern in Cluny und förderte den Neubau verfallener Klöster. Bruno wird als sprachbegabt und geschickt im Umgang mit Menschen geschildert.

Er wartete seine reguläre Wahl in Rom ab und kam im Pilgergewand in die Stadt. So beeindruckte er die Römer nicht wenig und gewann zunächst die Zuneigung der Bevölkerung. Sein Amt trat er am 12. Februar 1049 an und wählte den Namen Leo IX., mit dem er wohl auf Papst Leo den Großen (reg. 440–461) Bezug nahm, der nicht zuletzt die Vorrangstellung des Bistums Rom betont hatte.

Aus dem Kreis der Reformer von Cluny berief er seine Berater, die er zu Kardinälen machte. Die wichtigsten unter ihnen waren:

- Friedrich, Archidiakon von Lüttich, Bruder Gottfrieds des Bärtigen, Bibliothekar und Kanzler der Kirche
- Petrus Damiani, geb. 1007 in Ravenna, Benediktiner, 1043 Prior der Eremitenkongregation Fonte Avellana, theologischer Vordenker der Kirchenreform, 1057 Kardinalbischof von Ostia
- Humbert von Moyenmoutier, wohl ein alter Freund Brunos, wurde Bischof von Silva Candida und Kardinal
- Hugo Candidus aus Remiremont, Benediktiner aus einer lothringischen Adelsfamilie, wurde Kardinalpriester von San Clemente, zunächst Anhänger der Reformpartei, dann aber deren Gegner
- Hildebrand, Benediktiner, zumindest väterlicherseits von nichtadeliger Herkunft, ebenfalls Vordenker der Kirchenreform, besonders Verfechter des Primats und der Unabhängigkeit des Papsttums

So wurde aus dem Kardinalskollegium, das zuvor mit Männern aus Rom und Latium besetzt war und vor allem liturgische Funktion hatte, eine Institution mit theologischem Sachverstand, gleichsam das Kabinett des Papstes, von dem Impulse für die Weiterentwicklung der Kirche ausgingen. Die päpstliche Kanzlei wurde nach dem Vorbild der kaiserlichen umgestaltet.

Seine – wie man heute sagen würde – sozialen Fähigkeiten nutzte Leo, indem er auf Reisen nach Frankreich, Deutschland und Ungarn viele Menschen persönlich für die Kirchenreform gewann. Insgesamt zwölf Synoden hielt er in Deutschland und Frankreich, eine in Mainz gemeinsam mit Heinrich III. mit fast allen deutschen Bischöfen und Äbten. In Frankreich wirkte er ohne die Unterstützung König Heinrichs I., setzte aber auch hier simonistische Bischöfe ab.

Auf der Synode von Vercelli, auf der die Lehre Berengars von Tours verurteilt wurde, eine spirituelle-symbolistische Deutung des Abendmahls, ging Leo einen großen Schritt in Richtung Transsubstantiationslehre.

1051 verzichtete Leo auf das Bistum Toul, vielleicht, weil er nicht mehr mit den Bischöfen, deren Oberhaupt zu sein er beanspruchte, in einer Reihe stehen wollte. Noch waren die Maßnahmen, die zu einer ernsthafteren, auch selbstständigeren Kirche führten, nicht gegen die Rolle des Kaisers gerichtet – jedenfalls nicht gegen den im Westen.

Ein unauflöslicher Konflikt aber entstand mit dem Patriarchen von Konstantinopel. Leo wandte sich an Kaiser Konstantin IX. (reg. 1042–1055) um Hilfe gegen den gemeinsamen Feind, die Normannen. Dem Patriarchen von Konstantinopel Michael Kerullarios (EB 1043–1058), der selbst lieber Kaiser als Patriarch gewesen wäre, schien diese neue Koalition gefährlich. Zu der Unterschiedlichkeit der christlichen Theologie im Osten und im Westen und den konkreten Streitpunkten (Samstagsfasten, Quelle des Hl. Geistes, Bilderverehrung, Verwendung ungesäuerten Brotes beim Abendmahl) traten nun verschärft die Fragen nach dem Primat des Papstes und der Besetzung eines Erzbistums Sizilien durch Humbert von Moyenmoutier. Der Kaiser von Ostrom versuchte, zwischen Patriarch und Papst zu vermitteln, doch vergeblich. Leo schickte Friedrich von Lüttich und Humbert von Moyenmoutier als Gesandte nach Konstantinopel. Gleich nach ihrer Ankunft widmeten sich diese mehr der Propaganda als dem Ausgleich, und auch Michael Kerullarios legte einer Einigung Stein um Stein in den Weg. So kam es am 16. Juli 1054 zur Niederlegung der Bannbulle Leos über Michael auf den Altar der Hagia Sophia. Dabei exkommunizierte die römische Kirche den Patriarchen und hielt den Griechen alle ihre Verfehlungen vor. Michael antwortete wenige Tage später mit gleicher Münze.

Dass Leo IX. selbst, als das Schisma ausbrach, das er zumindest in Kauf genommen hatte, gar nicht mehr am Leben war, kam so: Die normannischen Soldaten, die einst bei ihrer Ankunft in Süditalien als Befreier von Konstantinopel und den Sarazenen gefeiert worden waren, eroberten nach einer Weile auch Kirchenbesitz und erwiesen sich als sehr grausam. Auch Leo hatte ihre Besetzung Italiens zuerst begrüßt. Als sich aber 1050 die Stadt Benevent dem Papst unterstellte, konnte er die Klagen der Menschen nicht länger überhören. Obwohl ihm Heinrich von einem Kriegszug abgeraten hatte und ihm auch keine Hilfe schickte, begab sich Leo auf den aussichtslosen Kriegszug. Leos kleines Heer wurde am 16. Juli 1053 bei Civitate in Apulien vernichtend geschlagen, der Papst selbst gefangen genommen. Obgleich in seiner Gefangenschaft in Benevent gut behandelt, kehrte Leo verbittert nach Rom zurück und starb dort am 19. April 1054.

Sein Grab befindet sich in der Peterskirche in Rom.

Zum Hauptträger der Kirchenreform, die als Klosterreform in Cluny begonnen hatte, war nun der Papst geworden.

4.6.4 Gebhard von Dollnstein und Hirschberg, Bischof von Eichstätt – Papst Viktor II.

* 1020
† 28. Juli 1057 in Arezzo
Begräbnis in Ravenna, im Grabmal Theoderichs des Großen, das damals zur Kirche St. Maria gehörte

1042 Bischof von Eichstätt
13. April 1055 Papst Viktor II.

Eltern: schwäbische Adelsfamilie von Dollnstein und Hirschberg

Noch einmal versuchte Benedikt IX. in Rom als Papst Fuß zu fassen, aber auch dieses Mal blieb er ohne Erfolg. Auf einem Hoftag in Mainz im April 1055 benannte Heinrich III. seinen Kanzler und Vertrauten, Bischof Gebhard von Eichstätt, als neuen Papst. Gebhard hatte bereits für den dreijährigen Heinrich IV. das Herzogtum Bayern verwaltet. Mit seinem Namen Viktor bezog er sich wohl eher auf den Märtyrer der Thebäischen Legion als auf den ersten Papst dieses Namens. Viktor hielt regelmäßig Reformsynoden ab, in Florenz eine gemeinsam mit Heinrich III. Bereits hier musste beschlossen werden, dass die Kirchenreform in Bahnen gelenkt werden sollte, die Reichsangelegenheiten weniger beeinträchtigten. Heinrich verlieh Viktor das Herzogtum Spoleto und die Markgrafschaft Fermo. Von hier aus sollte das Reich besser gegen die Normannen abgeschirmt und gegen die Interessen Gottfrieds des Bärtigen geschützt werden, der die verwitwete Beatrix von Canossa geheiratet hatte. Gleichzeitig leitete Heinrich selbst eine Versöhnung mit Gottfried ein.

Im folgenden Jahr zog Viktor II. nach Deutschland, um sich mit Heinrich III. zu beraten. Er traf den Kaiser auf den Tod erkrankt in der Pfalz zu Goslar an. Heinrich legte das Schicksal seines sechsjährigen Sohnes und Mitkönigs sowie des ganzen Reiches in Viktors Hände.

Nach Heinrichs Tod wurde der Kaiser in Anwesenheit Viktors im Dom zu Speyer begraben. Mit dem Papst zusammen setzte sich auch Gottfried der Bärtige, Heinrichs langjähriger Widersacher, für eine Nachfolgeregelung zugunsten des kleinen Heinrich ein. Als Reichsfürst blieb Viktor noch eine Weile in Deutschland und stellte sich in den Dienst des salischen Hauses; so verschaffte Viktor Kaiserin Agnes das Recht, im Falle des Todes des kleinen Heinrichs einen Nachfolger zu benennen. Gottfried erhielt Tuszien und Niederlothringen zurück. Viktor sorgte für Frieden in Kärnten und Bayern und ließ Heinrich IV. in Aachen krönen.

Dann kehrte er nach Italien zurück. Nach einer Reformsynode in Arezzo starb Papst Viktor II. im Juli 1057 und sollte zur Bestattung in sein Heimatbistum Eichstätt überführt werden. Unterwegs wurde der Leichnam aber in Ravenna beigesetzt. Das Grab wurde später ausgeraubt.

4.6.5 Friedrich von Lothringen – Papst Stephan IX.

* um 1020
† 29. März 1058 in Florenz
Begräbnis in der Kirche der hl. Reparata in Florenz

Archidiakon in Lüttich
1051 Päpstlicher Kanzler
23. Mai 1057 36. Abt von Monte Cassino
27. Juli 1057 Kardinal
2. August 1057 Papst Stephan IX.

Eltern: Gozelo I. von Lothringen, Mutter unbekannt

Vier Tage nach dem Tod Viktors II. wurde von Humbert von Silva Candida, Petrus Damiani und dem Mönch Hildebrand bereits sein Nachfolger gewählt – jetzt ohne Beteiligung des deutschen Königshofes. Die Einsetzung starker Persönlichkeiten, die sich ihrerseits ausgezeichnete Theologen und Politiker als Berater nahmen, hatte zu einer größeren Selbstständigkeit der Führungspersonen des römischen Klerus geführt. Kaiserin Agnes durfte der Wahl im Namen ihres Sohnes nur noch im Nachhinein zustimmen. Die Eile hatte aber auch darin ihre Ursache, dass eine Wahl schnell, vor allem vor dem Aktivwerden des römischen Stadtadels, stattfinden sollte, der sich gegenüber dem Reformpapsttum aus Deutschland noch nicht geschlagen gab.

Die Namenswahl Stephan dürfte auch an den Namenspatron des Domes zu Metz und vieler lothringischer Kirchen erinnern. Zu Stephans wichtigsten Entscheidungen gehörte die Ernennung Petrus Damianis zum Kardinalbischof von Ostia. Stephan starb überraschend am 29. März 1058 in Florenz und wurde dort begraben.

4.6.6 Gerhard von Burgund – Papst Nikolaus II.

* zwischen 990 und 995
† 19., 20. oder 27. Juli 1061 in Florenz
Begräbnis im Dom zu Florenz

Bischof von Florenz
6. Dezember 1058 Wahl zu Papst Nikolaus II. in Siena
24. Januar 1059 Amtseinführung

Eltern: unbekannt, aus der Familie Chevron Villette aus Savoyen

Der römische Adel wählte Johannes von Velletri aus dem Hause Tusculum zum Papst. Er nannte sich Benedikt X. Die Kirchenreformer flohen, obgleich sie an dessen Lebensführung nichts aussetzen konnten, nach Deutschland und wählten Bischof Gerhard von Florenz, Nikolaus II., der mit Hilfe Gottfrieds des Bärtigen am 24. Januar 1059 in Rom inthronisiert werden konnte.

An Ostern 1059 hielt Nikolaus II. eine Synode in Rom ab, auf der bedeutende Entscheidungen getroffen wurden: Die Rechtmäßigkeit der Wahl Nikolaus' war umstritten, da sie außerhalb Roms stattgefunden hatte. Daher erließ er die erste Papstwahlordnung, die im Grundsatz die Wahl des Papstes durch die Kardinäle bestimmte; Klerus und Volk von Rom durften nur noch zustimmen. Obgleich sich diese Ordnung wohl mehr gegen den römischen Stadtadel richtete, wurde die Wahl so auch dem königlichen Einfluss entzogen und als kirchliches Recht verankert. Erneut wurden Simonie, Nikolaitismus und die Irrlehre Berengars von Tours verurteilt, der die wirkliche Gegenwart Christi in der Eucharistie bestritten hatte. Dieses Mal aber ging man darüber noch hinaus: Die Vergabe von Niederkirchen durch Laien wurde verboten. Diese Regelung betraf das Eigenkirchenwesen im Reich. Der Besuch von Messen nikolaitischer Priester wurde verboten; damit entstand ein Druck der Laien auf diese Geistlichen.

Zum Schutz gegen seinen Gegenpapst tat Nikolaus auch außenpolitisch einen bis dahin undenkbaren Schritt. Er verbündete sich mit den lange bekämpften Normannen und belehnte Richard von Capua (1058–1078) und Robert Guiscard (1058–1085) mit ihren Eroberungen. Dadurch wurde er selbst deren Lehensherr und gewann neue Verbündete, die der Kaiser des Reiches zumindest in Italien nicht besiegen konnte. Auch die von den Normannen eroberten Gebiete Ostroms in Unteritalien fielen durch diese Regelung dem Papst zu.

Als Nikolaus Erzbischof Siegfried von Mainz (reg. 1060–1084) trotz der Bitte Kaiserin Agnes' das Pallium als Zeichen seiner erzbischöflichen Würde verweigerte, erklärten ihn die empörten deutschen Bischöfe für abgesetzt.

Nikolaus starb 1061 in Florenz.

4.6.7 Die Folgen der Rompolitik Heinrichs

Die von Heinrich III. durch die von ihm ausgewählten Päpste beförderte Kirchenreform sollte das Gesicht des Abendlandes verändern. Für die Kandidaten Heinrichs war die Einheit von *regnum* und *sacerdotium*, die Einheit von Erdenstaat und

Gottesstaat, erreicht. Nach Rom kamen nun Männer, die in Verbindung mit der Reformbewegung von Cluny standen. Dass die Stärkung der Kirche durch die Kirchenreform jedoch bald auch zu Angriffen auf die kaiserliche Beteiligung bei der Bischofseinsetzung sowie auf das Eigenkirchenwesen führte, sah Heinrich in diesem Umfang nicht voraus.

Als Nikolaus im Streit mit Königin Agnes 1061 in Florenz starb, versuchte der römische Adel, dem nicht zuletzt die Koalition des Papstes mit den Normannen Unbehagen bereitete, sich mit dem jungen Kaiser zu verbünden, um einen eigenen Kandidaten durchzusetzen. Man schickte ihm die Insignien eines römischen Patricius, des römischen Stadtherrn; dieser Koalition schlossen sich auch die lombardischen Bischöfe an.

Doch gewählt wurde schon am 30. September 1061 Anselm von Lucca – Alexander II., der die Unterstützung der Normannen genoss. Die Kaiserin aber, die durch diese Entwicklung von der größten Förderin zur Gegnerin der Reformkirche geworden war, veranlasste die Wahl Bischof Cadalus' von Parma – Honorius II., wodurch sie ein neues, länger währendes Schisma verursachte, denn beide Päpste residierten zeitweise gleichzeitig in Rom.

Gottfried der Bärtige zwang beide zum vorläufigen Rückzug, bis Alexander am Ende doch bestätigt wurde.

4.7 *Außenpolitik*

Heinrichs III. Außenpolitik und seine Versäumnisse auf diesem Gebiet betrafen vor allem den Osten. Herzog Břetislav von Böhmen (reg. 1034–1055) aus der Familie der Přemysliden eroberte nach dem Tod des polnischen Königs Mieszko II. 1034 Krakau und Gnesen, von wo er die Gebeine des hl. Adalbert nach Prag abtransportieren ließ, um seine eigene Hauptstadt zum Erzbistum erheben zu lassen. Prag gehörte damals zur Kirchenprovinz Mainz, Papst Benedikt IX. verweigerte aber aus Rücksicht auf Heinrich III. die Rangerhöhung des Bistums. Herzog Kasimir und seine Mutter Richeza, die vor Břetislav geflohen waren, wurden von Heinrich III. aufgenommen. Als sich Břetislav weigerte, die Reliquien des hl. Adalbert herauszugeben, griff ihn Heinrich in Böhmen an und bewirkte zunächst dessen Nachgeben. Doch Břetislav schloss ein Bündnis mit König Peter Orseolo von Ungarn (reg. 1038–1041 und 1044–1046). Diese Koalition bereitete Heinrich eine schwere Niederlage. Erst in einer dritten Schlacht, in der einige böhmische Adlige ihrem Herzog die Gefolgschaft verweigerten, besiegte ihn Heinrich und zwang ihn im Oktober 1041 zur Unterwerfung unter die Oberhoheit des Reiches.

Der ungarische König Aba Samuel (reg. 1041–1044) griff 1041 Kärnten und Bayern an. Heinrich konnte ihn zwar zurückschlagen, eine Absetzung gelang allerdings nicht. Erst am 5. Juli 1044 konnte Heinrich, nunmehr von Břetislav unterstützt, Samuel bei Menfö an der Raab besiegen. Samuel fiel, und Heinrich konnte seinen eigenen Kandidaten Peter als König von Ungarn einsetzen. Dieser erkannte Heinrichs Oberhoheit an.

Aus innenpolitischen Gründen wurde Peter aber von der ungarischen Opposition abgesetzt, doch sein Nachfolger König Andreas (reg. 1046–1060) war durchaus am Einvernehmen mit Heinrich III. interessiert. Dieser aber verzieh die Absetzung Peters nicht, sondern fiel 1051/52 in Ungarn ein, das er nach der militärischen Niederlage ganz verlor.

Bei diesem Feldzug kommandierten Herzog Welf II. von Kärnten und Bischof Gebhard von Regensburg sowie Herzog Břetislav die Truppen, die nah der Donau das Land verheerten.

Das Jahr 1055 brachte weitere Angriffe der Normannen im Süden sowie eine Niederlage der Sachsen gegen die Liutizen. Die Liutizen waren eine Gemeinschaft aus slawischen Stämmen, die zu Beginn des 10. Jahrhunderts erstmals belegt ist. Sie siedelten in der Gegend des heutigen Mecklenburg-Vorpommern und waren nicht christianisiert. Unter Kaiser

Heinrich II. noch mit dem Reich verbündet, waren sie in der Regierungszeit Konrads II. in Krieg mit den Sachsen geraten. 1035 zog Konrad II. gegen sie und machte sie tributpflichtig, doch blieb die Ostgrenze unruhig.

Dass sich Heinrich an den Slawenkämpfen nicht beteiligte, nahmen ihm die Sachsen sehr übel. Noch kurz vor Heinrichs Tod 1056 kam es zur Niederlage eines sächsischen Heeres an der Havelmündung, das auf sich allein gestellt war. Neben der Entwicklung der Kirchenreform war dies ein Teil des schweren Erbes, das Heinrich III. seinem Sohn hinterließ.

4.8 Tod in Bodfeld

Am Ende der Regierungszeit Heinrichs blieben neben der enormen Machtentfaltung seiner Herrschaftsjahre nämlich einige ungelöste Probleme stehen: Die sächsische Opposition hatte er durch Adalbert von Bremen nur in Schach gehalten, nicht nachhaltig beseitigt; Lothringen hatte er letztendlich als Unruheherd hinterlassen; Widerstand gegen seine Politik kam in süddeutschen Herzogtümern auf, die sich an seiner Vergabepolitik störten, in Süditalien waren die Normannen aufgestiegen und hatten sich mit dem Stuhl Petri verbündet, dessen Inhaber nicht mehr von den Saliern bestimmt wurden.

Gelungen war zwar die Versöhnung mit Gottfried dem Bärtigen, der vielleicht sogar sein Herzogtum hätte wiederbekommen können, allerdings auch dies vor dem Hintergrund des an der französischen Grenze entstandenen Machtvakuums, das für das Reich nachteilig war.

Heinrich hielt sich im Spätsommer in der Kaiserpfalz zu Goslar auf und traf sich mit Papst Viktor II. Nach einem Jagdausflug war er bereits tödlich erkrankt. Dem Papst übertrug er die Regelung aller Angelegenheiten. Am 5. Oktober 1056 starb Kaiser Heinrich III. in der Pfalz Bodfeld.

Beigesetzt wurde der Leichnam, während das Herz in der Pfalz zu Goslar bestattet wurde, im Dom zu Speyer – an seinem 39. Geburtstag. Den Bau dieses Domes hatte er in der Tradition seines Vaters besonders gefördert. Er hatte den Grundriss verlängert und die Speyerer Bischofskirche zum größten Gotteshaus seiner Zeit gemacht. Für die feierliche Liturgie hatte er der Kirche den Codex Aureus geschenkt (näheres zum Codex Aureus S. 183).

5. Heinrich IV.

* 11. November 1050
† 7. August 1106 in Lüttich
Begräbnis im Dom zu Speyer

1053 Wahl zum Mitkönig
1054 erste Königskrönung
1056 Krönung in Aachen
1084 Kaiserkrönung

Eltern: Kaiser Heinrich III. & Agnes von Poitou
1. Ehe: Juli 1066 mit Bertha von Turin/Savoyen
Kinder: Adelheid (1070–1079); Heinrich (1071 †);*
Agnes (1072/73–1143);
Konrad (1074–1101), Mitkönig, König von Italien;
Heinrich (1086–1125), Kaiser
2. Ehe: 1089 mit Praxedis/Adelheid

5.1 *Kindheit und Jugend*

5.1.1 Erste Jahre

Heinrich wurde am 11. November 1050 in Goslar geboren. Getauft wurde er von Abt Hugo von Cluny in Köln. Nach dem Skelettbefund der Ausgrabungen im Speyerer Dom 1900 war er auch in seiner Jugend schon gesund und robust, als Erwachsener war er etwa 1,80 m groß.

Im April 1053 wurde er in Tribur unter der Bedingung, dass er später sein Amt auf rechtmäßige Weise führe, von den Fürsten zum Mitkönig seines Vaters gewählt, im Juli erfolgte die Krönung in Aachen durch Erzbischof Hermann von Köln (reg. 1036–1056). Nach dem frühen Tod seines Vaters sorgte Papst Viktor II. dafür, dass der Übergang der Königswürde auf Heinrich IV. tatsächlich funktionierte. Insbesondere ließ Viktor sogleich den sechsjährigen Heinrich noch einmal in Aachen zum König krönen.

Heinrichs III. langjähriger Gegner, Gottfried der Bärtige, unterstützte den Papst in der Weise, dass er für die Anerkennung unter den lothringischen Fürsten sorgte. An Weihnachten auf einem Hoftag zu Regensburg gelang auch die Verständigung zwischen dem Hof und Bayern. Dann kehrte Papst Viktor II. nach Rom zurück. Dort starb er am 28. Juli 1057.

Heinrich wurde zuerst von einem Ministerialen namens Kuno erzogen. Gemessen an seinen später bezeugten Fähigkeiten in der lateinischen Sprache und im Lesen von Urkunden war der König wohl gut begabt.

5.1.2 Regentschaft der Mutter

Die Regentschaft für den unmündigen König, den letzten Minderjährigen auf dem deutschen Thron, führte offiziell seine Mutter, unterstützt von Ratgebern wie Erzbischof Anno von Köln, Erzbischof Adalbert von Bremen und Bischof Heinrich von Augsburg. Im Dienste des Hofes standen aber auch Ministerialen, was den Fürsten missfiel.

Agnes besetzte vakante Bistümer mit Männern ihres Vertrauens und erreichte, wenn auch gegen Zugeständnisse, sogar die Anerkennung Heinrichs durch Balduin von Flandern.

Ebenso betrieb Agnes eine aktive Besetzungspolitik, was die Herzogtümer anbelangte: Wichtig unter den Fürsten wurde Graf Rudolf von Rheinfelden. Er erhielt das Herzogtum Schwaben und verlobte sich mit Heinrichs Schwester Mathilde, die erst zwölf Jahre alt war. Auch wurde ihm die Verwaltung Burgunds übertragen. Konrad, ein Vetter des Bayernherzogs Konrad, der gegen Heinrich III. opponiert hatte und nach Ungarn geflohen war, erhielt das Herzogtum Kärnten, starb aber nur kurze Zeit darauf ohne Nachkommen. Daher konnte Agnes über Kärnten neu verfügen und Berthold von Zähringen, dem angeblich Schwaben schon versprochen war, nun mit diesem Herzogtum abfinden und versöhnen.

Bayern behielt Agnes selbst, was die Fürsten duldeten, da auch sie zunächst an einer stabilen Regierung interessiert waren, bis sie es 1061 Otto von Northeim übertrug, da sie ihm erfolgreiche Abwehr der Ungarn zutraute. Dort nämlich hatte sie sich 1058 in den Kämpfen zwischen den Königen Salomon (reg. 1063–1074) und Bela (reg. 1060–1063) auf Salomons Seite gestellt und ihm ihre Tochter Judith zur Frau gegeben. Otto gelang es, Belas Söhne Géza, Ladislaus und Lampert nach Polen zu vertreiben, Bela selbst starb an einem Unfall. Salomon und Judith setzte Otto auf den Thron.

Mit den Grafen von Rheinfelden, Zähringen und Northeim stiegen Grafengeschlechter im Reich auf, die – wenn auch individuell unterschiedlich – ihren Anteil an Machtausübung und Verantwortung einforderten.

Belastend für Agnes' Regentschaft war der Verlust der päpstlichen Unterstützung. Nikolaus II. starb im Streit mit ihr, die nächste Wahl konnte sie nicht mehr in ihrem Sinne beeinflussen; zwischen Machtpolitik und Kirchenreform war sie in einen Interessenkonflikt geraten, der ihr Lebenswerk in Frage stellte; sie begann, sich von der Politik zurückzuziehen.

Durch gezielte politische Entscheidungen hatte sie sich freilich auch Gegner gemacht. Auch hatte sie nicht immer geschickt agiert und so am Hof eine Atmosphäre von Intrigen und Anfeindungen zumindest bestärkt. Aus den Reihen der Enttäuschten wurde sie am Ende gar in den Verdacht eines unerlaubten Verhältnisses zu ihrem Berater, Bischof Heinrich von Augsburg, gebracht. Besonders groß aber war die Unzufriedenheit mit dem durch Agnes und ihre Berater herbeigeführten Schisma. Schließlich entschieden einige Große des Reiches, ihr Heinrich und damit die Regierung zu entziehen.

5.1.3 Heinrichs Entführung

Gegen Agnes verschworen sich mehrere Fürsten: Erzbischof Anno von Köln, Ekbert von Braunschweig (gest. 1068) und Bayernherzog Otto von Northeim.

Erzbischof Anno war 1010 geboren und stammte wohl aus Steußlingen in der Schwäbischen Alb. Er wurde in Bamberg ausgebildet und dann in die Hofkapelle Heinrichs III. aufgenommen. 1056 erhielt er – im Rahmen der Bestrebungen, Heinrichs Hofkapelle und Bistümer enger zu verschränken – das Erzbistum Köln. Damit war er auch Erzkanzler für Italien und Erzkanzler der römischen Kirche. Er vergrößerte sein Bistum und gründete zwei Kölner Stifte. Unzufrieden war er besonders mit dem Festhalten Kaiserin Agnes' am Schisma der beiden Päpste. Ihm ist das Annolied gewidmet, ein mittelhochdeutsches Gedicht in 878 Versen, das um 1080 entstand.

Ekbert von Braunschweig war der Enkel Kaiserin Giselas aus deren erster Ehe mit Bruno von Braunschweig und hatte den jungen Heinrich schon im Streit um den Besitz der sächsischen Nordmark unterstützt. Ihm war Heinrich daher verbunden und belohnte ihm später seine Treue. Er erwarb einige Grafschaften in Friesland und erhielt 1067 die Mark Meißen, die nach seinem Tod im folgenden Jahr auf seinen Sohn überging.

Anfang April 1062 hielt sich der Hof auf der Rheininsel Kaiserswerth bei Düsseldorf auf. Über die Entführung Heinrichs IV. schreibt Lampert von Hersfeld (zum Jahr 1062):

> Letztendlich fuhr der Bischof von Köln, nachdem er mit Graf Ekbert und Herzog Otto von Bayern Rat gehalten hatte, mit dem Schiff auf dem Rhein zu einem Ort, der »Insel des hl. Suitbert« [Kaiserswerth] hieß. Dort befand sich damals der König [Heinrich IV.]. Während dieser eines Tages nach einem feierlichen Mahl in froher Stimmung war, ermunterte ihn der Bischof, ein Schiff, das ihm gehörte, welches er eigens dafür prächtig ausgestattet hatte, zu besteigen, um es zu besichtigen. Leicht überredete er den arglosen Knaben dazu, der nichts weniger erwartete als einen Hinterhalt. Als der aber das

Schiff bestiegen hatte, umzingelten ihn die, die der Bischof als Bundesgenossen seiner Partei und als Gehilfen herbeigeholt hatte, und plötzlich hoben sie die Ruder an und trieben das Schiff in Windeseile in die Mitte des Flusses.

Der König, durch die neue Situation verwirrt und verunsichert, glaubte nichts anderes, als dass man ihm Gewalt antun und ihn töten wolle, und sprang kopfüber in den Fluss. Sehr schnell und unerbittlich hätte ihn das Wasser verschlungen, wenn nicht Graf Ekbert [von Braunschweig] ihm hinterher gesprungen wäre – wobei dieser sich selbst in eine nicht geringe Gefahr begab – und ihn mit Mühen dem Tod entrissen und auf das Schiff zurückgebracht hätte.

Sogleich beruhigten sie durch Schmeicheleien, so gut sie konnten, den Jungen und brachten ihn nach Köln. Die übrige Menge folgte ihnen am Ufer, und viele erhoben den Vorwurf, dass die königliche Majestät verletzt und ihrer Selbstbestimmung beraubt worden sei.

Der Bischof beschloss, um den Hass wegen dieser Tat zu beschwichtigen und nicht den Eindruck zu erwecken, er habe dies mehr zum persönlichen Ruhm als im Interesse des Allgemeinwohls getan, dass jeder Bischof, in dessen Diözese sich der König gerade aufhalte, dafür zu sorgen habe, dass die *res publica* keinen Schaden nehme und dass alle Fälle, die dem König vorgetragen würden, auf das beste gelöst würden.

Der enorme Anspruch, der sich im letzten Absatz zeigt, ist auch Ausdruck der gestiegenen Verantwortung der Bischöfe für das Reich. Und tatsächlich werden in den Urkunden der nächsten Jahre zahlreiche Fürsten und Bischöfe als Beteiligte am Zustandekommen der jeweiligen Rechtsbestimmung genannt.

Kaiserin Agnes zog sich aus der Politik zurück, blieb aber bis zur Schwertleite Heinrichs in der Umgebung des Hofes. Dann trat sie in ein Kloster ein, pilgerte schließlich nach Rom und lebte von nun an dort.

Bis sie dort am 14. Dezember 1077 starb, übte sie aber noch immer einen mäßigenden Einfluss auf Heinrich aus und versöhnte ihn z. B. zweimal mit Rudolf von Rheinfelden. In den Jahren 1064/65, 1066/67, 1072 und 1074 reiste sie noch einmal nach Deutschland, auch um noch für die Kirchenreform zu wirken.

Die zeitgenössischen Historiographen schreiben der Erziehung durch den Bischof viele negative Charaktereigenschaften Heinrichs zu. Durch die außerordentliche Polemik, mit der namentlich der Investiturstreit, aber auch die Sachsenkriege historiographisch beschrieben wurden, ist es schwer, ein zuverlässiges Bild von Heinrichs Wesen zu gewinnen, denn sowohl die Lobeshymnen auf ihn als auch die ungeheuren Vorwürfe, die erhoben wurden, erweisen sich bei näherem Hinsehen als wiederkehrende Elemente an anderen Stellen der Geschichtsschreibung.

Erzbischof Anno aber brachte auch keine Mehrheit der Fürsten hinter sich. Sein Verhältnis zu dem jungen Heinrich blieb dauerhaft beschädigt. Deshalb übernahm nach dessen Schwertleite Erzbischof Adalbert von Hamburg-Bremen die Reichsgeschäfte. Dieser war zwar umgänglicher, und Heinrich mochte ihn, doch Adalbert verhielt sich nicht weniger eigennützig als Anno. Auch Adalbert wollte sein Bistum ausbauen, vor allem auf Kosten der Billunger in Sachsen, ja, er soll sogar die Absicht gehegt haben, selbst Herzog zu werden. Hamburg-Bremen sollte Hauptort eines großen Metropolitanverbandes im Norden unter Einbeziehung Dänemarks werden.

Daher verschworen sich gegen ihn wiederum die Erzbischöfe Anno von Köln mit Siegfried von Mainz und Gebhard von Salzburg sowie den Herzögen Rudolf von Schwaben, Otto von Bayern und Berthold von Kärnten. 1066 stürzten sie den Erzbischof, was wiederum die Königsmacht schwächte, erstens gegenüber den Billungern, gegen die Adalbert ja ein Gegengewicht gebildet hatte, zweitens gegenüber den nördlichen Nachbarn des Reiches.

5.2 *Bertha von Turin/Savoyen*

* 21. September 1051
† 27. Dezember 1087 in Mainz
Begräbnis im Dom zu Speyer

Eltern: Otto Graf von Savoyen & Adelheid von Turin
Ehe: 13. Juli 1066 in Tribur mit Heinrich IV.
Kinder: Adelheid (1070–1079); Heinrich (1071 †); Agnes (1072/73–1143); Konrad (1074–1101), Mitkönig, König von Italien; Heinrich (1086–1125), Kaiser*

Bertha von Turin/Savoyen wurde am 21. September 1051 geboren. Sie war Tochter des Grafen Otto von Savoyen und der Adelheid von Turin, kam also aus der Familie, die über die westlichen Alpenpässe herrschte. Ihre Verlobung mit Heinrich wurde an Weihnachten 1055 in Zürich gefeiert. Die beiden waren damals fünf bzw. vier Jahre alt. Vielleicht wuchsen die Kinder zusammen auf, ein Liebespaar waren sie wohl nicht. Bertha wurde 1066 in Würzburg zur Königin gekrönt; am 13. Juli 1066 fand in Tribur die Hochzeit statt.

Das Leben dieser Kaiserin ist als tragisch zu bezeichnen. In vielen frühen Urkunden Heinrichs wird sie als Fürsprecherin genannt. Doch 1068 verlangte Heinrich die Scheidung von seiner Frau und wandte sich in dieser Sache zuerst an Erzbischof Siegfried von Mainz, der ihm die Trennung aber nicht gewährte. Auf einer Versammlung der Reichsfürsten in Worms an Pfingsten 1069 erklärte er, dass er mit Bertha nicht leben könne, und bekräftigte unter Eid, die Ehe nicht vollziehen zu können. Die Fürsten sollten ihm die Scheidung gestatten. Darüber berichtet Lampert von Hersfeld (zum Jahr 1062):

> Dort [in Goslar] verhandelte er zuerst mit dem Erzbischof von Mainz die Sache im Geheimen und flehte ihn an, ihm bei der Durchführung dessen, was er im Sinn hatte, zu helfen. Wenn er dies erreiche, werde er daraufhin ihm untergeben und gehorsam sein sowie die Thüringer bezwingen mit bewaffneter Hand, wenn es anders

> nicht gehe, damit diese den Zehnten in Zukunft ohne Zögern entrichten. Unter Zustimmung und Beteiligung des Bischofs im Einvernehmen erklärte der König öffentlich, dass er mit seiner Gemahlin nicht in Einigkeit lebe; lange habe er die Augen der Menschen getäuscht, länger wolle er dies nicht tun. Kein Vergehen, wodurch sie gerechterweise seine Zurückweisung verdient hätte, führe er an, er aber – er wisse nicht, durch welches Schicksal oder welchen Willen Gottes – könne mit ihr die Ehe nicht vollziehen. Daher bitte er im Namen Gottes, dass sie ihn von dieser unter schlimmen Vorzeichen geschlossenen Ehe befreien und gleichmütig duldeten, dass es eine Scheidung gebe, damit er ihr und sie ihm, wenn Gott es so will, den Weg zu einer glücklicheren Ehe freimache. Und damit nicht jemand argumentiere, der neuen Heirat stehe etwas im Wege, so bekräftige er durch Eid, dass er sie, wie er sie empfangen habe, unverändert und in unversehrter Jungfräulichkeit bewahrt habe.

Der Königin wurde die Abtei Lorsch als Aufenthalt zugewiesen. Doch die deutschen Bischöfe sprachen kein Scheidungsurteil aus. Papst Alexander II., der inzwischen unterrichtet war, sandte Petrus Damiani als Legaten zur Synode nach Frankfurt. Dieser drohte Heinrich mit Exkommunikation. Bald darauf arrangierte sich Heinrich mit Bertha, die Chroniken berichten, dass die Ehe sich allmählich positiv gestaltete. Heinrich und Bertha hatten fünf gemeinsame Kinder:

- Adelheid (1070–1079).
- Heinrich, der im August 1071 geboren, aber nur wenige Tage alt wurde.
- Agnes, geboren 1072/73. Sie heiratete mit 14 Jahren Herzog Friedrich von Schwaben und wurde zur Stammmutter der Staufer; Agnes starb 1143.
- Thronfolger Konrad wurde 1074 geboren.
- Als Nachkömmling kam 1086 noch der spätere Kaiser Heinrich V. zur Welt.

Im Winter 1076/77 begleitete Bertha ihren Mann Heinrich IV. nach Canossa. Am 31. März 1084 wurden beide in Rom von Papst Klemens III. zu Kaiser und Kaiserin gekrönt. Am 27. Dezember 1087 starb Bertha in Mainz mit 38 Jahren. 1090 wurde ihr Leichnam in den Speyerer Dom überführt, wo der Königschor inzwischen erweitert worden war. Erst in seinen späteren Jahren machte Heinrich Stiftungen für ihr Seelenheil.

5.3 *Reichspolitik*

Am Dienstag nach Ostern, dem 29. März 1065, erhielt Heinrich in Worms die Schwertleite. Sein Schildträger war Gottfried der Bärtige, dem er noch im selben Jahr das Herzogtum Niederlothringen übertrug. Heinrichs erste eigene Regierungsentscheidung war die Übertragung von zwölf Reichsklöstern und -stiften an geistliche und weltliche Fürsten: Polling (Oberbayern), Malmedy, Benediktbeuern, Limburg an der Haardt, St. Lambrecht, Corvey, Lorsch, Kornelimünster (b. Aachen), Vilich (b. Bonn), Niederaltaich, Kempten, Rheinau. Mit den ihm dafür gewogenen Fürsten im Rücken ergriff er aber gleichzeitig Maßnahmen zur Durchsetzung der Königsmacht in Sachsen.

In diesem Landesteil, dessen Fürsten schon mit seinem Vater ein schwieriges Verhältnis gepflogen hatten, hatten sich die Großen – wenn auch nicht in dem früher von der Forschung behaupteten Umfang – in der Zeit der Schwäche des Königtums Krongut in Sachsen und Thüringen angeeignet. Vor allem aber beharrten die Sachsen, die aus Westfalen, Ostfalen und Engern bestanden, seit Generationen auf ihrem eigenen Recht, das ihnen noch Konrad II. bestätigt hatte, das sich aber in einigen Punkten vom Reichsrecht unterschied. Insbesondere beruhten danach Entscheidungen nicht auf Befehlen übergeordneter Personen, sondern auf dem Prinzip der Genossenschaft. Auch legten die sächsischen Billunger Wert auf die Erblichkeit ihres Herzogtums, während die salischen Könige die Herzogtümer frei und meist an Landfremde zu vergeben pflegten, die dadurch mehr vom König abhingen und in ihrem Herzogtum keine Hausmacht hatten.

Heinrich forderte daher das beschlagnahmte Krongut zurück und strebte danach, Reichsrecht und Königsmacht in Sachsen zu stärken. Zu diesem Zweck entwickelte er eine rege Bautätigkeit im Bezug auf Burgen zur Sicherung seiner Macht. Gewaltige Höhenburgen entstanden mit modernen Befestigungsmethoden, wie z. B. bei Sachsenstein am Südharzrand. Verwaltet wurden das Krongut und damit auch die Burgen in Sachsen nicht von sächsischen Adligen, sondern von auswärtigen Ministerialen, die als Vorsteher von Münze oder Bergbau, als Förster und Pfalzbeamte fungierten. Diese kamen vor allem aus Schwaben, ihrer Treue konnte sich Heinrich sicher sein. Die Verwaltung der Burgen musste allerdings kostenlos aus den umliegenden Dörfern geleistet werden, was die Bewohner belastete und erboste. Hinzu kamen Raubzüge der Burgmannen in die Umgebung.

Die mächtigste dieser Burgen war die Harzburg. Sie war zweiteilig konstruiert mit starken Mauern und vorgelagerten Gräben und war uneinnehmbar. In der Burgkapelle ließ Heinrich sogar seinen Sohn Heinrich (gest. 1071 kurz nach der Taufe) und seinen Bruder Konrad (gest. 1055) bestatten. Dies hob den Rang des Ortes als königliche Residenz hervor.

Zum Burgenbau wurden auch die Erz- und Silberminen Sachsens ausgebeutet. Das Material für den Burgenbau musste die ansässige Bevölkerung herbeischaffen, die wie Knechte zu Diensten herangezogen wurde.

Parallel dazu ließ Heinrich die Burgen sächsischer Adliger zerstören, darunter auch Otto von Northeims Burgen Hanstein und Desenberg im Jahr 1070.

Gleichwohl verkündete Heinrich nach dem Vorbild seines Vaters 1068 einen Landfrieden, und zu manchen Fürsten entwickelte er ein gutes Verhältnis. So wurde z. B. nach dem Tod Gottfrieds des Bärtigen 1069 dessen Sohn Gottfried der Bucklige ein Parteigänger Heinrichs.

Schon zu Beginn von Heinrichs Herrschaft nahmen die Fürsten Anstoß an der Stellung des königlichen Beraters

Adalbert von Hamburg-Bremen, dessen Einfluss wohl auch bei der Behandlung der Sachsen zum Tragen gekommen war, und in einer gemeinsamen Erklärung zwangen sie Heinrich, den Erzbischof zu entlassen. Dieser starb 1072, in dem Jahr, in dem sein Rivale Anno von Köln zurücktrat.

Otto von Northeim, dessen Burgen Heinrich in Sachsen zerstörte, setzte er 1070 als Herzog von Bayern ab und an seine Stelle Welf IV. Dieser trennte sich zu diesem Zweck sogar von seiner Frau Ethelinde, der Tochter Ottos von Northeim. Ein Aufstand Ottos wurde 1071 niedergeschlagen, Otto festgenommen, später aber wieder freigelassen.

Nach dem Tod des sächsischen Herzogs Ordulf 1072 vergab Heinrich das Herzogtum Sachsen zunächst nicht neu, sondern ließ vielmehr den Erben Magnus als Komplizen Ottos von Northeim gefangen nehmen. 1073 kam es aufgrund der Maßnahmen Heinrichs IV. zu einem Aufstand der Sachsen gegen den König. Die Rebellion wurde angeführt von Bischof Burchard II. von Halberstadt (1059–1088), Otto von Northeim und Hermann Billung, dem Bruder des Sachsenherzogs Magnus Billung (gest. 1106). Weitere Große Sachsens schlossen sich an: Erzbischof Werner von Magdeburg (1063–1078), Bischof Hezilo von Hildesheim (1054–1079) sowie die weltlichen Fürsten Udo II. von der Nordmark (gest. 1082) und Markgraf Dedi von der Niederlausitz (gest. 1075). Der Letztere war besonders von der Zerstörung sächsischer Burgen durch Heinrich betroffen. Offensichtlich empfanden sie Heinrich nicht mehr als König, sondern als Tyrann. Darum scheiterten auch die Vermittlungsversuche, namentlich der Erzbischöfe von Mainz und Köln. Das Heer der Sachsen soll 60 000 Mann umfasst haben. Die Sachsen verweigerten Heinrich auch die Heeresfolge gegen Polen und forderten die Zerstörung der Königsburgen in Sachsen. Außerdem wollten sie nicht mehr von landfremden Ministerialen, sondern von ihren eigenen Fürsten verwaltet werden.

Heinrich lehnte ihre Forderungen zwar rundweg ab, doch musste er vor dem großen Heer in die Harzburg fliehen und konnte nicht wie erwartet auf die Unterstützung der anderen Fürsten zurückgreifen; zu viele von ihnen hatte er durch seine eigenmächtige Politik vor den Kopf gestoßen. Die Thüringer verbündeten sich mit den Sachsen.

Durch diese Umstände sah sich Heinrich gezwungen, mit den Sachsen Frieden zu schließen. Die Verhandlungen wurden 1074 in Gerstungen zum Abschluss gebracht, zu den Bedingungen der Sachsen: Zerstörung der Königsburgen, auch der Harzburg, Rückgabe der beschlagnahmten Güter, Anerkennung des sächsischen Rechts, Rückgabe des Herzogtums Bayern an Otto von Northeim, Aufgabe der Pfalz Goslar – ein sächsischer Sieg, wie es schien, auf der ganzen Linie.

Da geschah bei der Schleifung der Harzburg eine Unbesonnenheit, die die Lage wiederum veränderte: Die Bauern der Umgebung, durch die Jahre der Bedrückung zu Recht aufgebracht, schändeten bei der Zerstörung der Harzburg auch die Kirche mit den königlichen Gräbern. Dies wendete die Stimmung der übrigen Fürsten allerdings wieder zugunsten Heinrichs. Unter denen, die sich wieder eindeutig auf die Seite des Königs stellten, war auch Rudolf von Rheinfelden, ein begabter Feldherr. Die Quellen schreiben es auch seinem Einsatz zu, dass am 9. Juni 1075 in der Schlacht von Homburg an der Unstrut ein vollständiger Sieg Heinrichs gelang. Sein Heer richtete nun, nach überraschendem Angriff aus dem Marsch heraus, ein grausames Massaker unter den Bauern an, die höherrangigen Soldaten entkamen.

Nun hatten die Fürsten und Bischöfe den König zwar gegen die Horden der sächsischen Bauern unterstützt und die bisher geltende Ordnung wiederhergestellt, aber die Zweifel, ob die Interessen des Reiches und die des Königs noch übereinstimmten, waren damit nicht ausgeräumt. Die scheinbar rücksichtslose Art und Weise, in der Heinrich seinen königlichen Machtanspruch durchsetzte, beeinträchtigte seine Rolle als Friedensstifter, Ordnungshüter und Schiedsrichter, die ihm als dem König zukam, erheblich.

Die lange Abwesenheit eines Königs in Italien hatte inzwischen auch die Macht des hohen Klerus, der Normannen und oberitalienischer Adelsfamilien gestärkt, womit Heinrich weitere Auseinandersetzungen bevorstanden.

5.4 *Investiturstreit*

5.4.1 Die Doppelrolle der Bischöfe

Für Heinrichs Herrschaftsverständnis war die Vorstellung von der unmittelbaren Einsetzung von Gott ebenso wichtig wie für seine Vorgänger. Den Papst sah er dabei nicht als Mittler – anders als sein Vater Heinrich III., dem es für die Gültigkeit seiner Kaiserkrönung wichtig gewesen war, von einem moralisch einwandfreien, vor allem nicht durch Simonie belasteten Papst gekrönt zu werden.

Die geringere Rolle von *sacerdotium* gegenüber *imperium* in den Augen Heinrichs IV. drückte sich auch darin aus, dass Heinrichs Kirche, der Dom zu Speyer, alle anderen Kirchen der westlichen Christenheit übertraf. Die überragende Rolle des Domes im Selbstverständnis Heinrichs hatte aber noch einen weiteren Grund: Er war nämlich als Marienkirche für Heinrich wichtig, da Maria die wichtigste Heilige für ihn war. Dass die Bindung Heinrichs IV. an den Speyerer Dom existenzieller war als die seiner Vorfahren, zeigte sich auch darin, dass er Schenkungen an die Kirche von Speyer vor allem vor wichtigen Entscheidungen, etwa vor der Schlacht von Homburg an der Unstrut 1075 und vor der Schlacht gegen den Gegenkönig Rudolf von Rheinfelden an der Elster 1080, ausstellte.

Bischofsämter vergab Heinrich wie Vater und Großvater, vergaben die Salier mehr noch als die Ottonen im Hinblick auf das politische Amt des Bischofs und dessen Rolle im Reich. Als einem Amtsträger des Königs war dem Bischof Treuepflicht auferlegt. Ein Bischof war Landesherr, Mitglied der Fürstenversammlung, gab Lehen an Grundherren und wirkte bei Feldzügen und diplomatischen Gesandtschaften des Königs mit. Unter den Amtsträgern des Königs wurden die Bischöfe zu den zuverlässigsten und treuesten gezählt.

In immer stärkerer Konkurrenz zu dieser Rolle kam nun, neben der schon immer bestehenden Funktion der Leitung der Seelsorge und der geistlichen Aufsicht in seinem Diözesansprengel und der eines Mitglieds oder Metropoliten einer Kirchenprovinz, neuerdings der Gehorsamsanspruch des Papstes hinzu.

Die Kirchenpolitik Heinrichs III. hatte die moralische Kraft des Papstamtes gestärkt, das für mehrere Jahre nicht mehr der Rivalität der römischen Patrizierfamilien ausgesetzt war. Unter den aus Deutschland stammenden Päpsten wirkten bedeutende Theologen in der Hauptstadt des westlichen Christentums, die die Rolle des Papstamtes von seiner mehr regionalen Bedeutung zum Selbstverständnis als Oberhaupt der gesamten Christenheit verändert hatten.

Eine logische Konsequenz dieser Entwicklung war auch der Konflikt mit dem schon unter den Sachsenherrschern begründeten Reichskirchensystem, das die Salier ausbauten und bei dem durch die Doppelfunktion von Bischöfen und das Eigenkirchenwesen ein starker weltlicher Einfluss auf die Kirche bestand.

Seit Heinrich III. setzten die deutschen Könige die Bischöfe ein durch Überreichung von Stab und Ring, was durch die Symbolik einer Weihe nahe kam und die geistliche Funktion des Königs bzw. Kaisers betonte. Diese Funktion wurde aber von einer Kirche, die sich vom weltlichen Einfluss zunehmend zu befreien suchte, nicht mehr anerkannt.

Die Investitur mit Stab und Ring wurde daher vom Papst, der beanspruchte, über dem König bzw. Kaiser zu stehen, abgelehnt.

5.4.2 Die Kirche in Italien während der ersten Regierungsjahre Heinrichs IV.

Den Wunsch der Loslösung der Kirche von der weltlichen Herrschaft hatte zuletzt schon Papst Alexander II. deutlich gemacht. Doch nicht nur die Geistlichkeit war von den Ideen der Kirchenreform ergriffen. In Mailand z. B. entstand die Pataria, eine Volksbewegung gegen Simonie und Priesterehe, die bald aber ihrerseits politisch wurde bzw. für die Politik in Anspruch genommen wurde. Die Bewegung verbündete sich mit dem Papst gegen Erzbischof Guido da Velate (Bf. seit 1045), der so 1071 notgedrungen abdankte.

Gegen die Wahl Heinrichs IV. wählte nun die Pataria einen eigenen Kandidaten für den Mailänder Bischofsstuhl: Attone (Bf. 1072–1085). Heinrich setzte jedoch seine Wahl, Gotofredo da Castiglione (Gegenbf. 1072–1073) durch und wurde dafür vom Papst mit der Bannung von fünf seiner Räte bestraft – noch war er nicht selbst betroffen. Der Streit wurde beendet, weil beide Seiten an einer Weiterführung gehindert wurden. Papst Alexander starb, Heinrich musste seine ganze Kraft den Ereignissen in Sachsen widmen.

Nach seinem Sieg über die Sachsen griff Heinrich erfolgreich die Pataria in Mailand an und besetzte den Bischofsstuhl von Mailand 1075 wieder selbst, und zwar mit seinem Kaplan Thedaldo de Castiglione (Gegenbf. 1075–1085). Ebenso setzte er Bischöfe in den päpstlichen Territorien Spoleto und Fermo ein.

5.4.3 Hildebrand – Papst Gregor VII. und die Dictatus Papae

* 1020/1025 in der Toskana
† 25. Mai 1085 im Exil in Salerno
Begräbnis im Dom zu Salerno

1054–1056 Diplomat der Päpste
1059 Archidiakon für die päpstliche Finanzverwaltung
22. April 1073 Erhebung zum Papst
Anfang 1084 Absetzung

Eltern: Namen unbekannt, Vater war wohl nicht adlig

Bereits bei der Beisetzung Papst Alexanders II. erhob das anwesende römische Kirchenvolk – gegen die Papstwahlordnung Nikolaus' II. – den Mönch Hildebrand zum Papst, der schon länger eine Führungsrolle in ihrem Kreis gespielt hatte. Die Kardinäle legitimierten daher die Wahl nachträglich. Mit seiner Namenswahl knüpfte er ebenso an Papst Gregor den Großen (reg. 590–604) an, wie er auch Papst Gregor VI. ehrte, den er 1047 ins Kölner Exil begleitet hatte. Die neue Wahl wurde dem König nicht einmal mehr angezeigt. Dieser wandte in den Monaten nach der Wahl ohnehin seine ganze Aufmerksamkeit dem Krieg in Sachsen zu.

Gregor wurde um 1020/1025 in der Toskana geboren. Zuerst nachgewiesen ist ein Aufenthalt im Marienkloster auf dem Aventin in Rom. Wann genau er Mönch wurde, ist nicht bekannt. Er begleitete den abgesetzten Papst Gregor VI. ins Exil nach Deutschland und kehrte spätestens mit diesem unter Papst Leo IX. nach Rom zurück. Ab 1050 leitete er das Kloster S. Paolo fuori le Mura. Nach einigen Missionen im diplomatischen Dienst der Päpste wurde er Archidiakon für die Finanzverwaltung der Kirche. Die politischen Aufgaben dürfen aber nicht über seinen theologischen Einfluss in dieser Zeit hinwegtäuschen.

Als Papst hielt er regelmäßig die römischen Fastensynoden ab, die der Förderung der Kirchenreform gewidmet waren. Dabei stand die Frage der Investitur zunächst noch immer nicht im Mittelpunkt. In den ersten Monaten der Amtszeit Gregors schien sogar eine ersprießliche Zusammenarbeit zwischen Papst und König möglich. Immerhin lobte Gregor Heinrich für seinen Eifer im Sinne der Reform.

Doch strebte Gregor nach Lehenshoheit über europäische Länder und damit nach erheblicher politischer Macht – wenn auch weitgehend vergeblich. Er bemühte sich sogar 1074, ein Ritterheer gegen die Seldschuken zur Unterstützung Konstantinopels aufzustellen, nachdem Byzanz in der Schlacht von Manzikert 1071 eine schwere Niederlage erlitten hatte. Damit wollte Gregor das von seinem Vorgänger Leo IX. zumindest mitverursachte Schisma zwischen Ost- und Westkirche überwinden.

Gleichzeitig wurde die Weiterentwicklung des päpstlichen Amtsverständnisses zum absoluten Primat über Kirche und Kaiser im Pontifikat Gregors – das Jahr ist nicht mehr bestimmbar – in einem Dokument namens *Dictatus Papae* zusammengefasst:

Dass die römische Kirche allein vom Herrn begründet wurde.

Dass allein der römische Papst zu Recht »allgemein« genannt wird.

Dass jener alleine Bischöfe ernennen und absetzen kann.

Dass sein Legat allen Bischöfen vorsteht im Konzil, auch wenn er ihnen gegenüber einen niedrigeren Rang einnimmt, und dass er gegen sie das Urteil der Absetzung aussprechen kann.

Dass der Papst Abwesende absetzen kann.

Dass wir mit von ihm Exkommunizierten unter anderem nicht in demselben Haus bleiben dürfen.

Dass es ihm alleine zusteht, nach der Notwendigkeit der Zeit neue Gesetze zu geben, neue Gemeinden zusammenzustellen, aus einem Kanonikerstift eine Abtei zu machen und umgekehrt, reiche Bistümer zu teilen und arme zusammenzulegen.

Dass er alleine kaiserliche Insignien verwenden darf.

Dass alle Fürsten nur die Füße des Papstes küssen.

Dass allein sein Name in allen Kirchen genannt wird.

Dass dieser Name einzigartig ist in der Welt.

Dass es ihm zusteht, Kaiser abzusetzen.

Dass es ihm zusteht, Bischöfe, wenn es notwendig ist, von einem Bistum zum anderen zu versetzen.

Dass er aus der ganzen Kirche jeden Geistlichen weihen kann, den er will.

Dass ein von ihm Geweihter einer anderen Kirche vorstehen, ihr aber nicht dienen kann; und dass er von einem anderen Bischof keinen höheren Weihegrad annehmen darf.

Dass keine Synode ohne seine Erlaubnis »allgemein« genannt werden darf.

Dass kein Satz und kein Buch ohne seine Genehmigung kanonisch genannt werden darf.

Dass sein Urteil von niemandem aufgehoben werden kann, er selbst aber alleine die aller anderen aufheben kann.

Dass er selbst von niemandem gerichtet werden kann.

Dass niemand es wage, einen zu verurteilen, der an den Apostolischen Stuhl appelliert.

Dass bedeutendere Prozesse einer jeden Kirche ihm vorgelegt werden müssen.

Dass die römische Kirche niemals geirrt hat und nach dem Zeugnis der Schrift niemals irren wird.

Dass der römische Bischof, wenn er kanonisch eingesetzt ist, aufgrund der Verdienste des heiligen Petrus unzweifelhaft heilig wird, nach dem Zeugnis des heiligen Bischofs Ennodius von Pavia, dem viele heilige Väter zustimmen, wie aus den Dekreten des heiligen Papstes Symmachus hervorgeht.

Dass aufgrund seiner Vorschrift und seiner Erlaubnis Untergebenen gestattet ist, Klage zu erheben.

Dass er ohne Synode Bischöfe absetzen und wieder einsetzen kann.

Dass nicht für katholisch gehalten werde, wer nicht mit der römischen Kirche übereinstimmt.

Dass er Untergebene von der Treuepflicht gegenüber Ungerechten entbinden kann.

Nachdem hiermit ein grundsätzliches Verbot der Einsetzung von Bischöfen durch den König ausgesprochen war, entzündete sich die für beide Seiten existenzielle Auseinandersetzung zwischen König Heinrich IV. und Papst Gregor VII. an der Besetzung des Mailänder Bischofsstuhls 1075. Gegen diese protestierte Gregor in einem Brief an Heinrich. Parallel zu diesem Schreiben drohte ihm Gregor durch mündliche Vermittlung die Exkommunikation an.

Ganz unvorbereitet traf die Forderung Heinrich nicht. Schon unter Heinrichs Vater war Kritik am Einfluss der Könige auf die Kirche geübt worden. Diese hatte der den Saliern durchaus wohlgesonnene Bischof Wazo von Lüttich geäußert. Die Kontroverse wurde unter Theologen leidenschaftlich geführt und schärfte massiv deren Argumentationsstrukturen. Sie gilt sogar als einer der Ursprünge des scholastischen Systems. Auf Seiten der weltlichen Macht argumentierte z. B. Gottschalk von Aachen, der die Zwei-Schwerter-Theorie entwickelte. Nach ihm stehen geistliche und weltliche Macht gleichberechtigt nebeneinander. Auch der König sei unmittelbar von Gott eingesetzt, nicht durch den Papst vermittelt. Dem widersprach freilich die päpstliche Seite.

5.4.4 Exkommunikation Heinrichs und deren Folgen

Da nun Heinrich in der Frage der Mailänder Bischofseinsetzung nicht nachgab, sprach Gregor über den König den Kirchenbann aus und setzte ihn als Kaiser ab. Dies formulierte er – rhetorisch geschickt oder zynisch – in einem Gebet an den hl. Petrus.

Die neue Situation wurde am 24. Januar 1076 bei einer Versammlung der Großen des Reiches in Worms verhandelt. Die Fürsten und Bischöfe stellten sich auf Heinrichs Seite und zweifelten die Rechtmäßigkeit der Amtserhebung Gregors an, Heinrich forderte seinerseits die Absetzung Hildebrands als Papst. Welche Bischöfe und Fürsten dabei aus schon länger währender Verärgerung über Hildebrand zu Heinrich hielten und welche dies eher unter dem Druck Heinrichs taten, ist ungewiss.

Das Schreiben aus Worms wurde jedenfalls auf der römischen Fastensynode im Februar 1076 verlesen. Der römische

Klerus war seinerseits so entrüstet wie zuvor die Versammlung der deutschen Fürsten. Alle in Worms unterzeichnenden Bischöfe wurden exkommuniziert, ebenso die in Oberitalien, die zum deutschen König hielten. Bewusst ließ man ihnen dabei aber die Gelegenheit, die Seiten doch noch zu wechseln.

Jedenfalls zerfiel Heinrichs überwältigende Mehrheit recht bald; von den Anhängern der Kirchenreform hatte sich der König durch seine politisch motivierte Kirchenpolitik entfremdet; mehrere Bischöfe starben bald nach der Wormser Versammlung. Unter den Bischöfen bildeten sich danach drei Fraktionen: erstens die, welche beständig zum König hielt, darin z. B. Bischof Wilhelm von Utrecht, der Hildebrand exkommunizierte, zweitens diejenige aus überzeugten Anhängern des Papstes – sei es aus Opposition zu Heinrich, sei es aus theologischer Überzeugung –, drittens die Gruppe, die sich um einen Ausgleich bemühte und daher keiner Partei demonstrativ zuneigte.

Die Fürsten jedenfalls setzten Heinrich das Ultimatum, seine Loslösung vom Bann bis Februar 1077 zu erreichen, und luden Gregor ein, nach Deutschland zu kommen, der die Einladung gerne annahm.

5.4.5 Heinrichs Zug nach Canossa

Heinrich seinerseits wollte sich lieber in Rom mit dem Papst treffen. Beide Männer brachen also auf. Heinrichs Reise begann von Speyer aus; begleitet wurde er von Gemahlin Bertha und Sohn Konrad. Da er zumindest damit rechnen musste, die Alpenpässe der süddeutschen Fürsten nicht passieren zu können, zog er über den Mont Cenis. Unterstützt wurde sein Unternehmen von Schwiegermutter Adelheid von Turin, aber unter der Bedingung reicher Belohnung. Weihnachten verbrachte Heinrich in Besançon mit dem Grafen von Burgund, dann machte er sich auf den Weg über die Alpen –

im Winter ein ebenso ungewöhnliches wie gefährliches Unternehmen.

Heinrich begab sich auf die Burg Canossa. Sie gehörte jener Gräfin Mathilde, die sein Vater Heinrich III. im Jahre 1055 zusammen mit ihrer Mutter Beatrix in der Auseinandersetzung mit Gottfried dem Bärtigen nach Deutschland entführt hatte. Dort traf er auf Papst Gregor VII., der in einem Schreiben an alle Bischöfe von der Begegnung berichtete (Register Gregors VII., Nr. IV, 12, S. 312 f.):

> [So] kam er endlich von alleine, nichts Feindliches oder Unbesonnenes im Schilde führend mit wenigen Leuten zur Festung Canossa, in welcher wir uns aufhielten. Dort verharrte er drei Tage lang vor dem Tor der Burg, nachdem er alle königlichen Insignien abgelegt hatte, so ärmlich gar, dass er keine Stiefel trug und in Wolltücher gewickelt, und er hörte nicht eher auf, durch viel Weinen die Hilfe des päpstlichen Erbarmens zu erflehen, bis er alle, die anwesend waren und zu denen das Gerücht von dieser Sache gedrungen war, zu solcher Fürsorge und solchem Mitleid bewegt hatte, dass sie für ihn mit vielen Bitten und Tränen eintraten und sich alle über die ungewohnte Härte unseres Sinnes wunderten, einige aber riefen, dass uns nicht die Würde der apostolischen Strenge, sondern gleichsam die Grausamkeit tyrannischer Wildheit innewohne.

Zu den erwähnten Fürsprechern für Heinrich gehörten auch Hugo von Cluny und Mathilde. So konnte Gregor sich nicht weigern, die Bußfertigkeit des Königs anzuerkennen und ihn vom Bann zu lösen.

Heinrichs Bußakt war freilich zurückzuführen auf den Druck der Fürsten, nicht weil er den Primat des Papstes anerkannt hätte oder auf die Einsetzung von Bischöfen künftig verzichten wollte; es war eher ein taktischer Schachzug. Mit dem von Bismarck später als Tiefpunkt der deutschen Kaisergeschichte gedeuteten Gang hatte Heinrich in Canossa allerdings sein Hauptziel erreicht: die Lösung vom Bann und die Erfüllung des fürstlichen Ultimatums. Gleichzeitig hatte er in Canossa die Weiterreise des Papstes nach Deutschland verhindert, wo dieser mit den Fürsten, und gewiss besonders mit den oppositionellen, zusammengetroffen wäre.

Die Fraktion des Ausgleichs unter den Fürsten kehrte nun wieder zur Treuepflicht gegen Heinrich zurück, doch die Opposition im Reich war hartnäckig.

Da Heinrich in der Folgezeit seiner Überzeugung folgend weiter Bischöfe einsetzte, geriet er aber schon im Frühjahr 1077 wieder in den Bann. Doch je öfter dieses Instrument angewendet wurde, desto mehr verlor es mit der Zeit an Schärfe.

1078 verbot der Papst die Laieninvestitur ganz, auch im niederen Kirchenwesen. Heinrichs Exkommunikation wurde auf der Fastensynode 1080 erneuert.

5.5 *Die Fürstenopposition*

Die Gegner der Salier im Allgemeinen und die der Salier im Besonderen waren zahlreich. Von den führenden Figuren dieser Gruppe sollen einige Fürsten von überregionaler Bedeutung vorgestellt werden.

5.5.1 Otto von Northeim

* zwischen 1020 und 1025[2]
† 11. Januar 1083
Begräbnis in der Nikolai-Kapelle in Northeim

1049 Graf von Northeim
1061–1070 Herzog von Bayern

2 Diese Angabe sowie die weiteren zu Otto, soweit nicht anders vermerkt, nach Sabine Borchert: Herzog Otto von Northeim (um 1025–1083). Reichspolitik und personelles Umfeld. [Veröffentlichungen der Historischen Kommission für Niedersachsen und Bremen CCXXVII] Hannover 2005.

Eltern: Benno von Northeim & Eilika, vermutlich aus nordsächsischer Adelsfamilie
Ehe: um 1049 mit Richenza
Kinder: Heinrich Markgraf von Friesland; Kuno Graf von Beichlingen; Siegfried III. Graf von Boyneburg; Otto II. Graf von Northeim; Ida, verh. mit Thiemo Graf von Brehna; Ethelinde, verh. mit 1. Herzog Welf von Bayern, 2. Hermann Graf von Calvelage; Mathilde, verh. mit Konrad Graf von Arnsberg-Werl

Der älteste bekannte Graf von Northeim, dessen weitere Herkunft ungewiss ist, ist der 982 in einer Urkunde Kaiser Ottos II. genannte Siegfried I., der 1004 starb. 984 wird er zusammen mit seinem gleichnamigen Sohn von Thietmar von Merseburg als Gegner Heinrichs des Zänkers erwähnt. Siegfried II. hatte einen Bruder Benno. Beide ermordeten zusammen mit weiteren Tätern 1002 in Pöhlde Eckhard von Meißen, einen Gegenspieler Heinrichs II. bei der Königswahl. Dem Mord mögen persönliche Rachebedürfnisse zugrunde gelegen haben, aber er hatte weitreichende politische Auswirkungen. Obwohl er Heinrich im Zweifel nützte, wurde er von diesem nicht gebilligt und sogar später bestraft.

Benno ist 1030 als Graf von Helmarshausen nachgewiesen, 1047 als Graf von Eberschütz. Bennos einziger Sohn, den er zusammen mit seiner Frau Eilika hatte, war der um 1020/1025 geborene Otto. Als dieser 1049 seinem Vater im Grafenamt nachfolgte, nutzte er seine vorhandene Machtbasis, aber auch seine guten Beziehungen zum Bischof von Paderborn und zum Erzbischof von Mainz für einen bemerkenswerten Aufstieg. Schon mit dem Erbe seines Vaters gehörte Otto neben den Grafen von Stade und den Billungern zu den bedeutenden Grafen in Sachsen.

Durch den Mainzer Erzbischof erhielt Otto 1058 Kontakt zum Hof von Kaiserin Agnes, bei der er sich offenbar in kurzer Zeit sehr profilieren konnte. Denn seine Ernennung zum Herzog von Bayern wird nicht nur der ungarischen Bedrohung, sondern auch seinen positiven persönlichen Eigenschaften zugeschrieben. Jedenfalls wurde ihm 1061 in Regensburg eines der höchsten Reichsämter übertragen. Bereits ein Jahr später war Otto an der Entführung des jungen Heinrich in Kaiserswerth beteiligt. Heinrich aber pflegte dennoch ein gutes Verhältnis zu Otto. So sandte er ihn 1064 als seinen Vertreter – zur Beobachtung Erzbischof Annos von Köln – zur Synode nach Mantua, die das Schisma beenden sollte.

Ottos Ansehen bei Heinrich war immerhin so groß, dass nach Heinrichs Schwertleite Erzbischof Anno von Köln und Gottfried der Bärtige seinen Einfluss zurückzudrängen suchten. Bei der Vergabe von Reichsklöstern durch Heinrich, die wohl auf Einfluss der Fürsten um Heinrich zurückzuführen ist, erhielt Otto das Kloster Niederaltaich. An der Absetzung Bischof Adalberts von Bremen war Otto zwar beteiligt, hielt sich aber im Hintergrund, um sein Verhältnis zu Heinrich nicht zu beschädigen.

Otto leitete eine Legation Kaiser Heinrichs 1067 an Papst Alexander II., was dem Northeimer allerdings auch eine lange Abwesenheit vom Hof einbrachte.

Ein erster geplanter Italienzug Heinrichs 1067 kam nicht zustande, stattdessen eine zweite Gesandtschaft zu Papst Alexander unter Leitung Erzbischof Annos von Köln, an der auch Otto teilnahm. Nach der Heimkehr des Erzbischofs blieb Otto in Italien zurück, wo er im Auftrag Heinrichs in der Feldmark von Piacenza Verhandlungen zu führen hatte. Diese wurden allerdings vom Gefolge Gottfrieds des Bärtigen durch einen Tumult gestört, sodass Otto 1068 unvollendeter Dinge heimkehren musste.

Im Winter 1069 unternahm er mit König Heinrich zusammen einen Zug gegen slawische Stämme im Osten. Die Slawen hatten erstens bei Einfällen in das Reichsgebiet erhebliche Zerstörungen angerichtet, auch in Hamburg, ein weiterer Grund für den Kriegszug war die Unterstützung der Sippe Gottschalks (gest. 1066), Fürsten der Abodriten, besonders seines Sohnes Budivoj (gest. 1073), die unter den Slawen die Christianisierung vorantrieben und von Kruto (gest. 1090), dem Fürsten des Teilstammes der Wagrier, stark bedrängt wurden.

Nach diesem siegreichen Unternehmen lud Otto von Northeim den König zu sich nach Hause ein. Bei dem Besuch, der eine große Auszeichnung für Otto darstellte, kam es zu einer Schlägerei zwischen Ottos Leuten und einem Ministerialen namens Kuno, der zu den Erziehern Heinrichs IV. gehörte.

Trotz dieser Störung verbrachte Otto das Pfingstfest mit dem Kaiser in Quedlinburg, dann zogen sie gemeinsam nach Mühlhausen (Thüringen), wo ein Streit zwischen dem Erzbischof von Mainz und dem Abt von Fulda entschieden werden sollte. Otto fiel dabei vermittelnde Funktion zu.

1069 hielt sich König Heinrich gerade in Regensburg auf, als er von dem Aufstand des Markgrafen Dedi von der Niederlausitz erfuhr. Dieser hatte ein Lehen, das er beanspruchte, von Heinrich nicht bekommen und sich darauf mit Graf Adalbert II. von Ballenstedt (gest. 1080) zu einem Aufstand verbündet. Obgleich Otto mit dieser Verschwörung wohl nichts zu tun hatte, geriet er im Nachhinein in Verdacht.

Als Heinrich IV. wegen seiner Scheidungsabsichten und Rechtsansprüchen in Thüringen mit Erzbischof Siegfried von Mainz in Streit geriet, kam Otto in einen ersten Loyalitätskonflikt.

Da trat an Pfingsten 1070 ein Mann namens Egino vor König Heinrich und beschuldigte Otto, dieser habe Heinrich bei der Einladung in seine Burg 1069 ermorden lassen wollen. Zur Bekräftigung zeigte Egino ein Schwert, das ihm Otto zu diesem Zweck ausgehändigt haben soll.

Heinrich machte den Vorwurf auf einem Hoftag in Mainz zum Gegenstand der Beratungen und ordnete einen Zweikampf zwischen Otto und Egino als Beweis der Wahrheit an. Otto erbat für diesen Anlass vom König freies Geleit, erhielt es aber zumindest nicht für seinen Abzug. Deshalb trat er zum Zweikampf nicht an. Indem dies als Schuldeingeständnis betrachtet wurde, ließ Heinrich Otto durch die Fürsten am nächsten Tag verurteilen.

Auffällig ist die Hartnäckigkeit Heinrichs, mit der er seinen bisherigen Vertrauten verfolgte. Diese ist wohl aus seiner Verunsicherung durch schon ältere Gerüchte über Otto – Konkurrenten und Neider hatte der Northeimer ja genug, z. B. die Grafen Giso II. (gest. 1073) und Adalbert von Schauenburg (gest. 1073) – und den von Egino überzeugend vorgetragenen Behauptungen zu erklären. Auch hatte Otto inzwischen ein engeres Verhältnis zu den sächsischen Billungern begründet.

Otto verlor sein Herzogtum und seine Familienbesitzungen. Das Herzogtum Bayern erhielt Welf IV. Schließlich war Otto nun auch durch den Tod bedroht. Bisherige Anhänger fielen von ihm ab. Unter seinen Verfolgern befand sich z. B. Graf Ruotger von Eschwege, der sich im Falle einer Aufteilung von Ottos Besitztümern einen eigenen Gebietszuwachs versprach.

Zunächst schlug Otto sich in Sachsen durch Überfälle auf Königsgut durch, doch an Pfingsten 1071 unterwarf er sich Heinrich und erhielt seinen Besitz zurück, freilich nicht das Herzogtum Bayern. Bestraft wurde er mit einem Jahr Haft für seine Angriffe auf das Reich.

Dann setzte er sich für den ebenfalls verhafteten Magnus Billung ein. Heinrich wollte Otto durchaus als Verbündeten und Berater zurückgewinnen. Mit Ottos und Magnus' Gefangenschaft hatte der König die Sachsen massiv gegen die Slawen geschwächt. Bei einer Versammlung der Fürsten in Hötensleben 1073 trugen sie nacheinander ihre Vorwürfe gegen Heinrich vor.

Überliefert ist eine Rede Ottos von Northeim in dieser Versammlung, in der er die königliche Burgenpolitik kritisierte und sie als Treueverletzung brandmarkte. Insbesondere seien die salischen Burgen nicht an der Grenze zu den Slawen gebaut worden, wo sie Sachsen geschützt hätten, sondern im Innern zur Bedrückung der Sachsen. Aus diesem Treuebruch leitete Otto das grundsätzliche Recht zum Widerstand gegen den König ab – von der Wahl eines Gegenkönigs ist hier allerdings ausdrücklich noch nicht die Rede.

Einige Wochen nach dieser Versammlung zogen die sächsischen Fürsten mit einem Heer zur Harzburg und trugen dem Kaiser ihre Bedingungen vor. Otto verhandelte mit dem König allein, dieser stellte ihm die Rückgabe seines Herzogtums in Aussicht. Diese Verhandlungen bildeten die Basis des Friedens von Gerstungen, der auch die Zerstörung der königlichen Burgen vorsah. In Nachverhandlungen wurde beschlossen, als Ausgleich auch die Burgen sächsischer Fürsten zu zerstören, was dazu führte, dass diese beiden Maßnahmen nicht mit Eile verfolgt wurden.

Die sächsische Seite war in den Verhandlungen mit Heinrich auch durch die Tatsache geschwächt, dass die Fürsten nicht in allen Punkten einig waren. Vielmehr hatte Otto durch sein Verhalten die Billunger verärgert, aber wohl auch (neben der Grabschändung der Bauern) Rudolf von Rheinfelden zur Rückkehr an Heinrichs Seite bewogen.

Noch bis kurz vor der Schlacht bei Homburg blieb Otto, in Erwartung einer Rückkehr zum Herzogstand, an einem Frieden zwischen Heinrich und den Sachsen interessiert. Nach der Schlacht war er es, der die Sachsen zur Unterwerfung bewog.

Dafür wurde er mit der Verwaltung Sachsens beauftragt und kam damit in einen einem Herzog ähnlichen Stand. Die Billunger forderten ihn auf, wieder ihre Interessen zu vertreten. Doch die erneute Abkehr von Heinrich vollzog Otto erst allmählich. Dazu veranlasste ihn vor allem die Enttäuschung darüber, dass Heinrich ihn als Ratgeber nicht so wichtig nahm, wie er es erwartet hätte. Auch brachten ihn Heinrichs eigenwillige Entscheidungen in Sachsen in Erklärungsnöte gegenüber den dortigen Fürsten.

Jetzt kamen, auch vor dem Hintergrund von Heinrichs Bannung, ernsthafte Überlegungen zur Wahl eines Gegenkönigs auf. Bei einer Versammlung oppositioneller Fürsten kam es zu einer formalen Versöhnung zwischen Welf IV. von Bayern und seinem Vorgänger Otto – eher sollte man wohl von einem Aufschub der Entscheidung über Bayern sprechen.

Noch vor der Wahl Rudolfs stellte er an diesen in Forchheim die Forderung, ihn wieder zum Herzog zu machen, eine Hoffnung, die er bis zu Rudolfs Tod nicht aufgab.

Im Oktober 1080, nach Rudolfs Tod in der Schlacht an der Weißen Elster, trug sich Otto mit der Absicht, Rudolfs Nachfolger zu werden, jedenfalls in dessen tatsächlichem Herrschaftsbereich Sachsen.

Doch in Ochsenfurt wurde Hermann von Salm zum neuen Gegenkönig gewählt, wohl in Abwesenheit Ottos, der den Luxemburger vorerst nicht anerkannte, vielleicht, weil er wieder Verhandlungen mit dem Salier aufnahm. Als diese erneut nicht von Erfolg gekrönt waren, einigte sich Otto mit Hermann von Salm und versuchte, sich unter den gegebenen Umständen eine möglichst große Macht in Sachsen zu sichern. Eine schwere Verletzung am Bein, die er als ein göttliches Zeichen verstand, hielt ihn von weiteren Ambitionen ab.

In seinen letzten Lebensjahren wandte sich Otto verstärkt Stiftungen zu, so der Klöster Hasungen und Harsefeld sowie dem Kloster St. Blasien in Northeim. Ausdruck seiner Befürwortung der Kirchenreform waren diese Stiftungen und Gaben nicht. Otto starb am 11. Januar 1083.

5.5.2 Rudolf von Rheinfelden

* 1020–1030[3]
† 15./16. Oktober 1080, gefallen in der Schlacht bei Hohenmölsen an der Weißen Elster
Begräbnis im Dom zu Merseburg

Herzog von Schwaben
Verwalter Burgunds
1048 als Graf im Sisgau nachgewiesen
1077–1080 Gegenkönig

---

3 Diese Angabe sowie die weiteren zu Rudolf, soweit nicht anders vermerkt, nach Michaela Muylkens: Reges geminati. Die »Gegenkönige« in der Zeit Heinrichs IV. [Historische Studien DI] Husum 2012.

Eltern: Cuno von Rheinfelden, Mutter unbekannt
1. Ehe: 1059 mit Mathilde, Tochter Heinrichs III. & Agnes'
2. Ehe: bald nach 1060 mit Adelheid, Tochter Otto von Savoyens & Adelheids von Turin
Kinder: Otto, gest. als Kind; Berthold, gest. 1079; Agnes, gest. 1111; Adelheid, gest. 1090, Königin von Ungarn; Bertha, gest. 1128

Rudolf stammte aus der Familie der Grafen von Rheinfelden, wahrscheinlich einer Nebenlinie des Königshauses von Burgund. Sie waren vermutlich nach der Felseninsel im Rhein benannt, die ihnen gehörte und von der aus sie die Herrschaft über die Region ausübten. Während Rudolfs Vater Cuno von Rheinfelden als sicher angesehen werden darf, ist seine Mutter unbekannt. Grundbesitz hatten die Grafen in der heutigen Westschweiz, den Kantonen Aargau und Waadt, sowie in Schwaben, darunter St. Blasien und der spätere Besitz des Klosters, z. B. die Gegend um den Schluchsee.

Der Graf von Rheinfelden wurde zwischen 1020 und 1030 geboren, der Geschichtsschreiber Frutolf von Michelsberg nennt ihn einen eingeborenen Schwaben. Ein Bruder Rudolfs namens Adalbert war nach Lampert von Hersfeld Mönch im Kloster St. Gallen und wurde 1066 Bischof von Worms; er starb 1070. Eine Schwester der beiden war nach einer Handschrift der sogenannten St. Gallener Annalen mit Graf Gerold von Genf verheiratet. Rudolf selbst taucht erstmals 1048 in einer Urkunde auf, die von Heinrich III. ausgestellt wurde. Dort wird er als Graf im Sisgau bei Rheinfelden bezeichnet.

Rudolf heiratete 1059 Mathilde, die Tochter Heinrichs III. und Agnes' von Poitou – also Heinrichs IV. Schwester –, die jedoch schon wenige Monate später starb. Nach den Berichten mancher Geschichtsschreiber (z. B. Ekkehard von Aura) hatte Rudolf Mathilde ihrer Mutter Agnes geraubt und von dieser gleichsam unter Zwang die Heiratserlaubnis erhalten. Dabei sei ihm das Herzogtum Schwaben verliehen worden, das eigentlich Berthold von Zähringen versprochen gewesen sei, der dafür mit Kärnten abgefunden wurde.

Die nächste Ehe schloss Rudolf mit Adelheid von Turin bzw. Savoyen, der Schwester Berthas, König Heinrichs IV. Ehefrau, wodurch er erneut eine verwandtschaftliche Bindung mit dem König einging. Mit Adelheid hatte Rudolf fünf Kinder:

- einen Sohn Otto, der wohl früh verstarb, da er nur im Nekrolog des Hausklosters der Grafen in St. Blasien erwähnt ist,
- einen Sohn Berthold, dem vom Vater 1079 das Herzogtum Schwaben übertragen wurde; Berthold wurde zwar von einigen Fürsten unterstützt, hatte aber Friedrich von Staufen als Rivalen, den Heinrich IV. unterstützte, und wird daher eher als Gegenherzog betrachtet; Berthold starb 1090,
- eine Tochter Agnes, gestorben 1111, verheiratet mit Berthold von Zähringen, der durch sein Territorium nicht nur Nachbar des Rheinfelders war, sondern auch entscheidender Verbündeter Rudolfs und seines Sohnes,
- eine Tochter Adelheid, gestorben 1090, verheiratet mit König Ladislaus von Ungarn (reg. 1077 (unangefochten ab 1081–1095)); beide wurden später als Heilige verehrt, die gemeinsame Tochter Irene heiratete Manuel I. Komnenos, den Kaiser von Konstantinopel (reg. 1143–1180),
- schließlich eine Tochter Bertha, gestorben nach 1128, verheiratet mit Graf Udalrich X. von Bregenz (gest. 1097).

1057 wurde Rudolf die Verwaltung von Burgund übertragen, gleichzeitig wurde er als Nachfolger Ottos von Schweinfurt mit dem Herzogtum Schwaben belehnt. Daher wird er manchmal auch als Herzog von Alemannien bezeichnet. Mit der Belehnung war der Treueeid an König Heinrich IV. verbunden. Bemerkenswert ist, dass Rudolf damit ein Gebiet zum Lehen erhielt, das in räumlicher Verbindung zu seinen eigenen Besitzungen stand. Den Rang dieses Lehens verdeutlicht ferner die Tatsache, dass es durch die erste salische Kaiserin Gisela eine besondere Beziehung zu den Saliern hatte.

Mit Giselas Nachfolgerin, Kaiserin Agnes, verband Rudolf das gemeinsame Anliegen der Kirchenreform.

Die Gründungsgeschichte des rheinfeldischen Hausklosters St. Blasien liegt allerdings im Dunkeln, es erlangte wohl in der Mitte des 11. Jahrhunderts Unabhängigkeit vom Mutterkloster Rheinau. Die Bedeutung St. Blasiens für die Rheinfelder ist aber an ihren reichen Schenkungen für dasselbe sowie an den Familienbegräbnissen (Ehefrau Adelheid und drei der fünf Kinder) erkennbar. 1071 erfolgte die Übernahme der Klosterreform in Rüeggisberg, welches Kloster ebenfalls Rudolf gehörte, 1072 in St. Blasien, das von da an starken Einfluss im südwestdeutschen Raum ausübte. Dazu erhielt er 1065 die Reichsabtei Kempten.

Mit dieser Machtbasis bezog Rudolf ab 1065 auch klare Positionen in der Reichspolitik: 1066 für die Ausschaltung Bischof Adalberts von Hamburg-Bremen, 1070 für die Einsetzung Welfs IV. als Herzog von Bayern. Wie andere Fürsten nahm auch Rudolf Anstoß an der Bevorzugung der Ministerialen durch König Heinrich. 1072 wurde er deswegen von Heinrich nach Worms bestellt. Zwischen König und Herzog vermittelten dabei erstmals Kaiserin Agnes und die Erzbischöfe von Köln und Mainz, die Differenzen konnten aber nur oberflächlich und vorübergehend beigelegt werden. Darauf schrieb 1073 Papst Gregor an Rudolf und lobte seinen Einsatz für die Kirchenreform. Ferner bat er ihn um Rat wegen Heinrich IV., von dem er sich nach der Annäherung der beiden Fürsten einen Einfluss Rudolfs im päpstlichen Sinne erhofft. Am 11. Januar 1075 schrieb der Papst wieder an Rudolf und wandte sich besonders gegen Simonie; da die Bischöfe die Missstände nicht hinreichend bekämpften, sollen sich Fürsten für die Kirchenreform einsetzen.

1073 fand noch einmal eine Versöhnung zwischen Rudolf und Heinrich statt, und zwar am Palmsonntag in Eichstätt. Obwohl Rudolf beim beginnenden Sachsenaufstand noch zu Heinrich gehalten hatte – wenn auch mit Zögern –, wurde er schon 1073 verdächtigt, heimlich die Sachsen zu unterstützen und deren Pläne zu kennen. Nach Lampert von Hersfeld veranlasste ihn und weitere Fürsten das gegen die Sachsen begangene Unrecht, das auch bei den Friedensverhandlungen in Gerstungen 1074 zu Tage trat, zum Seitenwechsel. Vor einer damals vielleicht schon erwogenen Königswahl schreckte Rudolf aber noch zurück.[4] Für die folgende Zeit werden Mordpläne Heinrichs gegen Rudolf überliefert, die diesem aber von einem königlichen Rat[5] namens Regenger[6] verraten worden seien, sodass er sich vorsehen konnte.

Immerhin kam es im folgenden Jahr zur Verweigerung der Heeresfolge mehrerer Fürsten, sodass Heinrich mit einigen von ihnen Frieden schließen musste. Dieses Abkommen vermittelte Kaiserin Agnes. Rudolf half danach den Sachsen nicht mehr gegen Heinrich, sondern stellte sich erneut entschieden auf dessen Seite. In der folgenden Schlacht 1075 an der Unstrut schlug er sich tapfer und erfolgreich für Heinrich, setzte sich dann aber für eine milde Behandlung der Sachsen ein und wünschte ein Ende der Kämpfe. Doch Heinrich hörte nicht auf ihn.

5.5.3 Die Wahl eines Gegenkönigs

So kam es, dass Rudolf nach der Verhängung des Banns über Heinrich der führende Kopf der Fürstenopposition wurde; gegenüber Otto von Northeim war er ja immer noch Inhaber der Herzogwürde. Eine Fürstenversammlung fand in Tribur statt, ein Treffen der Opposition Anfang 1077 in Ulm. Die Fürsten schrieben an den Papst sowie an den in Italien befindlichen Sohn Heinrichs IV. Konrad und verabredeten schließlich eine weitere Versammlung am 15. März in Forch-

4 Lampert von Hersfeld, Annalen, zum Jahr 1073.
5 Bertholds Chronik, zum Jahr 1073
6 Lampert von Hersfeld, Annalen, zum Jahr 1073.

heim. In Vorbereitung dieses Treffens soll für Rudolf bereits eine Krone angefertigt worden sein.[7]

Anwesend waren die Erzbischöfe Siegfried von Mainz, Gebhard von Salzburg und Werner von Magdeburg, ferner die Bischöfe Adalbert von Worms, Adalbero von Würzburg, Altmann von Passau und Burchard von Halberstadt sowie die Herzöge Welf von Bayern und Berthold von Kärnten, Otto von Northeim, Magnus Billung, Udo von Stade, außerdem päpstliche Legaten und Rudolf von Rheinfelden.

Die Legaten sollten nach dem Willen des Papstes, wenn es möglich sein würde, die Wahl eines neuen Königs verhindern, um dem Papst mehr Handlungsspielräume offenzuhalten. Auch Heinrich war zu diesem Treffen eingeladen. Rudolf wurde zum Gegenkönig gewählt, und zwar in einem Wahlort mit Tradition (Ludwig das Kind 900, Konrad I. 911).

Da aber König Heinrich nicht abgesetzt, dafür aber vom Bann gelöst war, bedurfte dieser Wahlakt dringend einer Legitimation, denn bei diesem unerhörten Vorgang handelte es sich um die erste Wahl eines Gegenkönigs im Heiligen Römischen Reich. Die Rechtfertigung versuchte Rudolfs Seite, namentlich die zeitgenössischen Geschichtsschreiber, mit folgenden Argumenten:

- Heinrich sei in Canossa nur vom Bann gelöst worden, nicht in sein Königsamt wiedereingesetzt.
- Daher habe Thronvakanz geherrscht und es einer Neuwahl bedurft.
- Die Fürsten hätten die Genehmigung Papst Gregors gehabt, bei drohender Gefahr für das Reich einen neuen König zu wählen.
- Das Fehlverhalten Heinrichs habe die Ordnung des Reiches zerrüttet.

7 Chronik des Klosters Ebersheim im Elsass.

- Es bestehe ein Widerstandsrecht der Fürsten in ihrer Verantwortung für das Reich und wegen der Treueverletzungen Heinrichs ihnen gegenüber.
- Der Papst habe die Fürsten von allen Treueeiden gelöst.

Dass die Wahl auf Rudolf gefallen war, mag mehrere Gründe gehabt haben: sein eigenes großes Territorium und seine breite Machtbasis in Schwaben und Burgund, seine persönlichen Eigenschaften, die selbst seine Gegner anerkannten,[8] sowie seine königliche Abstammung. Otto von Northeim dagegen hatte sich durch seine unzuverlässige Politik den Sachsen gegenüber als unbrauchbar erwiesen.

Rudolf erbat sich – dem Gebot der Demut folgend – Bedenkzeit und zögerte mit der Annahme der Wahl einige Stunden. Dann huldigten ihm die Fürsten. Er hatte zwei Bedingungen zu erfüllen, die nun konkreter waren als jene bei der Königswahl Heinrichs IV.: Er musste die freie Wahl der Bischöfe in den Bistümern zugestehen und den Verzicht auf eine erbliche Thronfolge erklären. Damit war auch die zentrale Funktion des Vorgangs von Forchheim angesprochen: Er war ein Bekenntnis zum reinen Wahlkönigtum, das sich von der Idee der Erbmonarchie auf Reichsebene distanzierte. Unabhängig von Rudolfs Bereitschaft zum Gehorsam gegenüber Papst Gregor VII. stellten die Fürsten aber auch Rom gegenüber klar, wer den König zu bestimmen hat.

Nach der Versammlung begann Rudolf einen Umritt durch das Reich: von Forchheim über Bamberg und Würzburg nach Mainz, wo er von Erzbischof Siegfried und dem Erzbischof von Magdeburg am 26. März 1077 geweiht und gekrönt wurde. Dies geschah jedoch unter Protest der Mainzer, die zu dem beim Volk überaus beliebten Heinrich IV. hielten. Auch in Worms, der Bischofsstadt seines verstorbenen Bruders, die in altem salischem Gebiet lag, wurde Rudolf von der Bevölkerung abgelehnt. Er musste mit seinen Anhängern über Augsburg und Erfurt nach Sachsen fliehen,

8 So z. B. die Vita Heinrici, Kap. 4.

unter seinen Begleitern auch Erzbischof Siegfried von Mainz, der nie mehr in seine Bischofsstadt zurückkehrte. Ende Juni 1077 hielt sich Rudolf nachweislich in Merseburg auf.

Auch stellten sich überraschend viele Fürsten später wieder auf die Seite König Heinrichs. Manche, wie der Konstanzer Bischof Otto, flohen beim Heranrücken Rudolfs, andere, wie Embriko von Augsburg (reg. 1063–1077), der sich still verhielt während Rudolfs Anwesenheit, um sich später wieder zu Heinrich zu bekennen. Selbst in Burgund und bei Papst Gregor VII. wurde Rudolf nicht in der erwarteten Weise unterstützt. Der Bischof von Rom hielt sich wie viele Bischöfe und weltliche Fürsten die Parteinahme für einen der beiden Könige lange offen, diese hing im Prinzip nicht nur von ihrer persönlichen Haltung im Investiturstreit ab, sondern auch von den Machtverhältnissen in den einzelnen Gegenden des Reiches.

Gregor, der ja mit Heinrich in Canossa zusammengetroffen war, verzichtete angesichts der unsicheren Lage auf eine Deutschlandreise, die er erwogen hatte, und kehrte nach Rom zurück. Rudolf ist noch für Pfingsten 1077 im Kloster Hirsau nachgewiesen, begab sich dann aber nach Sachsen und ließ sich in Merseburg als König huldigen. Er sprach Recht nach sächsischer Tradition und rief die Sachsen erfolgreich zur Heeresfolge auf. Er empfing Gesandtschaften aus Ungarn und Frankreich und versuchte sich mit wechselndem Erfolg an der Besetzung verschiedener Bischofsstühle zu beteiligen. Doch auch in Sachsen hatte er Gegner.

5.5.4 Heinrichs Auseinandersetzung mit Rudolf

Nach Rückkehr aus Canossa fand Heinrich IV. in Bayern, Regensburg und Böhmen Rückhalt und unternahm Kriegszüge gegen Schwaben, hielt dort Hoftage und ließ Gegner aburteilen. Auch entzog er Rudolf alle Lehen, Ämter und Besitzungen. Seine Gefolgsmänner setzte er ab.

Heinrich setzte auf einem Hoftag in Ulm im Mai 1077 Rudolf als Herzog von Schwaben ab und verlieh das Herzogtum Friedrich von Staufen, dem er seine Tochter Agnes verlobte. Auch Welf IV. von Bayern und Berthold von Kärnten wurden damals als Reichsfeinde verurteilt. Rudolfs Stammlande wurden von den Truppen der Bischöfe von Straßburg und Basel verwüstet. Heinrich reiste mit seiner Gefolgschaft in Rudolfs Richtung, hielt in Nürnberg einen Hoftag ab und hob neue Truppen aus. Rudolf und Heinrich ließen zunächst Verhandlungen führen, indem sich Fürsten beider Seiten trafen. Dabei soll aber die Ernsthaftigkeit der salischen Angebote stets fraglich und die dahinter stehende Taktik spürbar geblieben sein.

Im Sommer 1077 belagerte Rudolf vergeblich die Stadt Würzburg.[9] Alle Verhandlungen und kriegerischen Auseinandersetzungen fanden im fränkischen Raum statt, an dem beiden Parteien besonders gelegen war, Rudolf, um eine Verbindung zwischen seinen schwäbischen und sächsischen Anhängern zu schaffen, Heinrich, um genau dies zu verhindern: 1078 kam es zur zweiten militärischen Auseinandersetzung bei Mellrichstadt, bei der sich die Erzbischöfe und Bischöfe als Schwachpunkte auf Seiten Rudolfs erwiesen. Doch hier wie 1080 bei Flarchheim an der Unstrut siegte Rudolf.

Nur eine Urkunde stellte Rudolf als König aus, und zwar zu Ostern 1079 in Quedlinburg, als er eine Schenkung an das Bistum Meißen vornahm. Darin werden mehrere Männer genannt, die früher der Kanzlei Heinrichs angehört hatten. Auch Rudolfs Siegel ähnelt in der Form demjenigen Heinrichs.

Auf der Fastensynode in Rom 1080 wurde Heinrich IV. erneut exkommuniziert und aller Ämter enthoben, Rudolf von Rheinfelden als König für Deutschland von Gregor anerkannt. Gregor VII. soll Heinrichs Ende noch für dieses Jahr

9 Bruno, Sachsenkrieg, Kap. 94.

vorausgesagt und sein eigenes Schicksal vom Eintreffen seiner Prophezeiung abhängig gemacht haben. Für Rudolf kam diese Unterstützung zu spät, um die fürstliche Anhängerschaft und Einsatzbereitschaft noch zu vergrößern. Heinrich dagegen ernannte im Frühjahr 1080 einen Gegenpapst gegen Gregor VII.

Im Herbst 1080 rüsteten beide Seiten zu einem neuen Feldzug. Am 15. Oktober stießen die Heere an der Weißen Elster bei Hohenmölsen zusammen. Militärisch gab es keinen eindeutigen Sieger, doch Rudolf erlitt einen Schwertstich in den Unterleib und den Verlust der rechten Hand, Verletzungen, an welchen er am folgenden Tag starb. Die Umstände seines Todes gaben Anlass für zahlreiche Kommentierungen und Darstellungen bei den zeitgenössischen und späteren Geschichtsschreibern.

Bestattet wurde Rudolf etwa 700 km entfernt von seinem Stammland im Dom zu Merseburg. Ein Grabmal erhielt er von Bischof Werner im dortigen Dom, das älteste figürliche Grabrelief seiner Art des Mittelalters. Die Grabplatte zeigt Rudolf, lebensgroß und mit Reichsinsignien. Seine abgeschlagene Hand wurde als Reliquie aufbewahrt, und noch heute befindet sich eine im Dommuseum, die als seine Hand betrachtet wird.

5.5.5 Die Rheinfelder und das Herzogtum Schwaben nach Rudolf

Der mutige Griff nach der Krone durch den Vertreter eines aufstrebenden Grafenhauses und die dreieinhalb Jahre des Gegenkönigtums Rudolfs waren nicht mit Erfolg gekrönt. Schon bei seiner Wahl fehlte eine klare Rechtslage, ebenso die Unterstützung aus Rom. Die Treue vieler Fürsten gegenüber König Heinrich, die trotz dessen schwierigen Charakters Bestand hatte, und die Vertreibung Rudolfs aus seiner Krönungsstadt Mainz, schließlich die vergebliche Belagerung von Würzburg waren äußere Zeichen dafür, dass er in einem historischen Rahmen handelte, der seine Spielräume begrenzte. Die Umstände seines Todes – schließlich starb er kämpfend – besiegelten einerseits seine Niederlage, hoben sein Gegenkönigtum aber auch in der Sicht späterer Generationen über den Rang einer Episode hinaus. Von seinem Tod her wird seine Geschichte gedeutet. Seine Grabplatte ist weit eindrucksvoller als die, die von seinem siegreichen Gegenspieler erhalten ist.

Rudolfs Erbe als Herzog von Schwaben war bereits 1079 durch Heinrichs Entscheidung Graf Friedrich von Staufen geworden, der 1089 Heinrichs nunmehr volljährige Tochter Agnes heiratete. Rudolfs Anhänger erklärten dagegen nach dessen Tod dessen Sohn Berthold von Rheinfelden zum Herzog von Schwaben.

Berthold von Rheinfelden starb 1090 kinderlos und wurde in St. Blasien begraben, damals eines der wichtigen Klöster der antisalischen Partei. Darauf bemühte sich sein Schwager und treuer Gefolgsmann, Berthold von Zähringen, um die Nachfolge.

1098 einigten sich Zähringer und Staufer auf eine Teilung Schwabens, sodass beide Titel und Rang behalten konnten. Die Wiedervereinigung Schwabens fand 1218 nach dem Tod des letzten Zähringers unter staufischer Herrschaft statt.

Bedeutende Nachkommen hatte Rudolf schließlich noch durch seine Tochter Adelheid, die 1082 König Ladislaus von Ungarn (gest. 1095) aus der Familie der Arpaden geheiratet hatte. Die ältere der beiden Töchter namens Piroska heiratete 1104 Kaiser Johannes II. Komnenos von Byzanz und nahm den Namen Irene an. Ihr jüngster Sohn Manuel wurde Nachfolger seines Vaters.

5.5.6 Hermann von Salm

* um 1035
† 28. September 1088 in der Reichsburg Cochem?
Begräbnis in Metz

Graf von Salm
6. August 1081 Gegenkönig
26. Dezember 1081 Krönung in Goslar
(Erzbischof von Mainz)

Eltern: Giselbert von Luxemburg, 1036 nachweislich Graf von Salm[10]*, Mutter unbekannt, vielleicht aus der Familie der Hezelinden*
Ehe: Sophia (von Formbach?)
Kinder: Hermann II. Graf von Salm, gest. 1135/38; Otto, lothringischer Pfalzgraf

Nach Rudolfs Tod erging an die Sachsen Heinrichs Angebot, seinen Sohn Konrad zu ihrem König zu wählen – Heinrich war noch gar nicht geboren, Konrad erst sieben Jahre alt – und damit seine Herrschaft zu ersetzen, was die Sachsen entschieden ablehnten.

Zur Wahl eines neuen Königs äußerte sich Papst Gregor VII. in einem Brief an Bischof Altmann von Passau im März 1081 (Registrum Gregorii VII, IX,3, S. 574 f.)

> Im übrigen müssen alle Gottesfürchtigen, die die Freiheit der Kirche lieben, auf Eurer Seite ermahnt werden, dass sie nicht, überredet durch irgendeine Gunst oder gezwungen durch irgendeine Furcht, eilen, um leichtfertig eine Person zu wählen, deren Charakter und was sonst noch ein König besitzen muss, sie von der Aufnahme der Verteidigung der christlichen Religion und der Fürsorge für dieselbe abhält.
>
> Besser wäre es, wie wir glauben, wenn eine kurze Bedenkzeit eingeschoben würde, Gott gemäß zur Ehre der heiligen Kirche, damit

---

10 Diese Angabe sowie die weiteren zu Rudolf, soweit nicht anders vermerkt, nach Michaela Muylkens: Reges geminati. Die »Gegenkönige« in der Zeit Heinrichs IV. [Historische Studien DI] Husum 2012.

man sich nach einem geeigneten König umsehen kann, als dass zu eilig jemand Unwürdiges zum König geweiht wird.

Wir wissen freilich, dass unsere Brüder in einem langen Kampf und verschiedenen Verwirrungen erschöpft wurden. Für vornehmer hält man es dennoch, lange für die Freiheit der Kirche zu kämpfen, statt armselig und teuflisch sich der Knechtschaft zu unterwerfen.

Es kämpfen nämlich die Elenden, die Glieder des Teufels, dass sie seiner armseligen Knechtschaft unterworfen würden; es kämpfen dagegen die Glieder Christi darum, dieselben Elenden zur christlichen Freiheit zurückzuführen.

[...]

Wenn er nämlich gegenüber der heiligen Kirche nicht so gehorsam, demütig und nützlich ist, wie es einem christlichen König zukommt, und wie wir von ihm hoffen, ist, wird ihn die heilige Kirche ohne Zweifel nicht nur nicht fördern, sondern auch gegen ihn Einspruch erheben.

Was hoffte die heilige römische Kirche von dem oben genannten Rudolf, und was versprach er – Du, liebster Bruder weißt es zur Genüge. Man muss also Vorsorge treffen, dass wir nicht weniger von dem, welcher zum König gewählt werden muss, bei so vielen Gefahren und Mühen hoffen dürfen.

Deswegen zeigen wir nachfolgend, welchen Eid die heilige römische Kirche von ihm verlangt:

»Von dieser Stunde und künftig werde ich treu sein im rechten Glauben dem seligen Apostel Petrus und seinem Statthalter Gregor, der nun leibhaftig auf Erden wandelt, was immer der Papst vorschreibt, mit der folgenden Formel: ›Mit dem wahren Gehorsam, treu, wie es einem Christen geziemt, werde ich gehorchen. Über die Weihe der Kirche aber und die Länder oder den Besitz, welcher Kaiser Konstantin oder Karl dem hl. Petrus schenkten, und über alle Kirchen und Landgüter, welche dem Apostolischen Stuhl von anderen Männern oder Frauen zu irgendeiner Zeit übertragen oder überlassen worden sind und in meiner Gewalt stehen oder stehen werden, will ich mich mit dem Papst so einigen, dass ich nicht in die Gefahr komme, zu freveln oder meine Seele zu verlieren. Und mit Hilfe Gottes und des heiligen Petrus und Christi will ich ihm die würdige Ehre erweisen und Nutzen bringen. Und an dem Tag, da ich jenen zum ersten Mal gesehen haben sehen werde, werde ich ein Soldat des hl. Petrus.‹«

In seinem Eifer für die Kirchenreform entsprach Hermann von Salm diesen Anforderungen allerdings ebenso wenig wie viele sächsische Bischöfe.

Anders aber als Otto von Northeim beabsichtigten die Fürsten die Wahl eines Gegenkönigs, dessen Herrschaft deutlich über Sachsen hinausreichte.

Bei einer Versammlung der sächsischen und schwäbischen Fürsten in der Mitte zwischen ihren Herrschaftsgebieten, nämlich im fränkischen Ochsenfurt am 6. August 1081, der wohl intensive Verhandlungen vorausgegangen waren, wurde Hermann von Salm zum Gegenkönig gewählt.

Von der Anwesenheit der Erzbischöfe und Bischöfe, die 1077 Rudolf gewählt hatten, ist in den Quellen nicht mehr die Rede. Auch konnte Hermann nicht einmal seine eigenen Familienmitglieder auf seine Seite bringen. So hielt z. B. Pfalzgraf Heinrich von Laach (gest. 1095) beständig zu König Heinrich IV.

Anders als Rudolf scheint sich Hermann auch weit weniger aktiv um das Amt des Königs bemüht zu haben. Nicht einmal die Frage, ob Hermann Wahlbedingungen gestellt wurden, ist aus den Quellen zu beantworten. Immerhin wird Herman darin – auch von prosalischen Verfassern – als würdige Person beschrieben.

Sogleich nach seiner Wahl zog Hermann statt zur Krönung mit einem Heer zur Entscheidungsschlacht gegen Heinrich nach Höchstädt an der Donau. Dort besiegte er am 11. August ein königliches Heer in einer Schlacht, in der sich besonders Welf von Bayern für den neuen Gegenkönig hervorgetan hatte.

Von da aus zog Hermann, vielleicht von Welf bewogen, nach Augsburg, das schon seit längerer Zeit mit Welf im Streit lag, und belagerte die Stadt drei Wochen lang, allerdings vergeblich.

Den Versuch einer Königskrönung in dem den Saliern ergebenen Mainz ersparte sich Hermann nach den Erfahrungen seines Vorgängers Rudolf. Bevor eine Krönung im Ausweichort Goslar stattfinden konnte, waren aber wohl noch einige Verhandlungen mit den untereinander keineswegs einigen sächsischen Großen erforderlich. Über die Krönung selbst sind, außer dass sie der Erzbischof von Mainz vorgenommen hat, keine Einzelheiten überliefert.

Zwei Urkunden sind von Gegenkönig Hermann von Salm überliefert: Anlässlich eines Hoftages am 3. August 1082 bestätigte er den Klöstern Corvey und Herford ihre bestehenden Privilegien sowie päpstlichen und kaiserlichen Schutz, in der zweiten vom 13. April 1083 wird der Kirche von Halberstadt Besitz übertragen. Form und Siegel der zweiten Urkunde entsprechen ganz den Anforderungen an eine Königsurkunde. Auch Münzen ließ Hermann prägen mit der Legende HERIMANNUS REX.

Wie Rudolf von Rheinfelden, so scheiterte auch Hermann mit dem Versuch, einen eigenen Kandidaten als Abt von St. Gallen langfristig zu installieren. Als Hermann gerade von Schwaben aus zu einem Zug nach Italien aufbrechen wollte, um Papst Gregor VII. zu stärken, wurde bekannt, dass Otto von Northeim gestorben war, was den Gegenkönig veranlasste, umgehend nach Sachsen zurückzukehren. Denn freilich zeigten sich die Fürsten, auch die der Opposition, dem Gegenkönig gegenüber nicht weniger selbstbewusst und bisweilen eigenmächtig, etwa in ihrer Einflussnahme auf die Besetzung von Bischofsstühlen, wie gegenüber den Saliern, und ihre Einigkeit war durchaus gefährdet. Immerhin hatte sich der Luxemburger Hermann gemessen an seiner bescheidenen und schwierigen Ausgangsbasis – im Gegensatz zu Rudolf hatte er ja nie ein Herzogtum besessen und auch weit weniger politische Erfahrung sammeln können – ein geographisch und hinsichtlich der Vielfalt seiner Maßnahmen ein beachtliches politisches Betätigungsfeld erschlossen.

5.5.7 Wende zugunsten Heinrichs

Mit Heinrichs IV. Erfolgen in Italien und seiner Rückkehr ins Reich aber änderte sich die Lage auch für die Opposition. Im Frühjahr 1081 war er aufgebrochen. Er hatte Gregor VII. abgesetzt, würde ihn letztendlich sogar aus Rom vertreiben lassen und hatte sich von dessen Nachfolger zum Kaiser krönen lassen.

Bei seiner Rückkehr eroberte er aus der Herrschaft Welfs IV. Augsburg zurück und besetzte den Mainzer Bischofsstuhl neu, da Erzbischof Siegfried zum Lager der Opposition gehörte.

Zwischen dem salischen und dem sächsisch-schwäbischen Lager kam es zu Verhandlungen, die bei einem Treffen in Gerstungen-Berka im Januar 1085, an dem Hermann nicht teilnahm, die schwelenden Uneinigkeiten der oppositionellen Fürsten zum Ausbruch kommen ließen.

Im Sommer 1085 führte Heinrich IV. ein Heer nach Sachsen, wo viele Fürsten auf seine Seite übertraten, manche gewiss, weil sie sich wiederum von dieser Seite größere Vorteile versprachen. Heinrich erkannte das sächsische Recht an. Hermann musste mit zwei seiner letzten Anhänger, zu denen nun praktisch nur noch Bischöfe gehörten, nach Dänemark fliehen. Erzbischof Hartwig von Magdeburg (EB 1079–1102) und Bischof Burchard von Halberstadt (Bf. 1059–1088) begleiteten ihn. Ihre Bischofsstühle besetzte Heinrich neu.

Doch geriet Heinrich erneut mit sächsischen Fürsten in einen Streit, dessen Gründe aus den Quellen nicht eindeutig hervorgehen. Die Geflohenen kehrten zurück, und im Sommer 1086 rückte Heinrich erneut gegen Sachsen vor. Der militärische Erfolg dieses Feldzuges wird in den Quellen sehr unterschiedlich dargestellt, Hermann aber wird nicht als Anführer der Sachsen erwähnt.

Im Juni 1086 sprengte der Kaiser, unterstützt besonders von Friedrich von Schwaben, ein Treffen oppositioneller Fürsten in der Nähe von Würzburg. Diese belagerten, da sie ihre Planungsgespräche hatten abbrechen müssen, Würzburg. Heinrich griff sie erneut an, und zwar am 11. August 1086 bei Pleichfeld in der Nähe von Würzburg. Der Sieg, den die Sachsen davontrugen und an dem vor allem Welf von Bayern und die jungen Söhne Ottos von Northeim mitgewirkt hatten, blieb aber ohne nachhaltige Wirkung.

In Sachsen, wo Gegenkönig Hermann nach manchen Quellen wenig Respekt erfuhr, trat inzwischen ein neuer Anwärter als Oppositionsführer gegen Heinrich IV. auf, nämlich Ekbert von Meißen. Er konnte zwar Ende 1086 die Sachsen nicht hinter sich versammeln, dennoch aber die Stellung Hermanns schwächen. Dieser jedenfalls hörte auf – in welchem Jahr nach 1085, ist in den Quellen nicht zuverlässig zu erkennen –, seine Königspläne weiterzuverfolgen, machte seinen Frieden mit Heinrich und kehrte in seine Heimat im Westen des Reiches zurück.

1088 schlossen namentlich bedeutende sächsische Bischöfe wie Erzbischof Hartwig von Magdeburg, Werner von Merseburg (Bf. 1063–1093) und Günther von Naumburg (Bf. 1079–1090) Frieden mit Kaiser Heinrich, wohl auch Otto von Northeims Söhne Heinrich der Fette und Kuno von Beichlingen und die meisten Fürsten und Bischöfe, nur mit Ausnahme Ekberts von Meißen.

Am 28. September 1088 kam er durch einen Unfall auf einer Burg ums Leben. Die Darstellungen in prosalischen Quellen, die bis hin zu der Behauptung reichen, Hermann sei von seiner eigenen Frau erschlagen worden, weisen wiederum die gängigen Motive der polemischen Literatur jener Zeit auf.

Auf die Aufstellung eines weiteren Gegenkönigs verzichteten die deutschen Fürsten, auch wenn es Grafen und Herzöge mit Ambitionen gab, wie z. B. Ekbert II. von Meißen, vielleicht auch der Eppensteiner Liutold von Kärnten (gest. 1090) oder Welf IV.

5.6 Heinrichs Sieg und Kaiserkrönung

5.6.1 Wibert von Ravenna – Gegenpapst Clemens III.

* 1020/1030 in Parma
† 1100 in Civita Castellana

1057–1063 Kanzler
1072–1076 Bischof von Ravenna
1080–1100 Gegenpapst

Eltern: aus der Verwandtschaft der Markgrafen von Canossa

Ungeachtet der oppositionellen Königswahlpläne nach dem Tod Rudolfs von Rheinfelden war König Heinrich IV. im Frühjahr 1081 zu einem Italienzug aufgebrochen. Da eine Kaiserkrönung, Heinrichs wichtigstes Ziel, durch Papst Gregor VII. nicht denkbar war, hatte er schon im Juni 1080 veranlasst, dass auf einer Synode der ihm anhängenden Bischöfe in Brixen Gregor abgesetzt und Wibert von Ravenna zum Papst erhoben wurde. Er nannte sich Clemens III.

Wibert war zwischen 1020 und 1030 geboren und stammte aus einer Adelsfamilie, die mit den Markgrafen von Canossa verwandt war. Er wurde am Hof Bischof Cadalus', des späteren Gegenpapstes Honorius II. erzogen.

Kaiserin Agnes machte ihn zum Nachfolger Bischof Gunthers von Bamberg (Bf. 1057–1065) als Kanzler. Im Papstwahldekret Papst Nikolaus II. setzte er den Paragraphen durch, der dem deutschen König einen Vorbehalt einräumte. Im Auftrag Agnes' war er auch an der Erhebung des Gegenpapstes Honorius II. beteiligt, dementsprechend wurde er nach der Entführung Heinrichs in Kaiserswerth abgesetzt, doch blieb Agnes seine Fürsprecherin und erreichte 1072 seine Erhebung zum Bischof von Ravenna. Wibert war ursprünglich durchaus Anhänger der Kirchenreform, bis ihn 1076 zunächst die Suspendierung als Bischof und 1078 der Bann Gregors über die lombardischen Bischöfe traf, da dieser sie für die Anführer der italienischen Opposition gegen den Papst hielt.

Lange belagerte Heinrich IV. ab 1081 Rom; er eroberte schließlich die Peterskirche. Während Gregor VII. allmählich die Unterstützung der Bischöfe verlor, wandte sich Heinrich im März 1084 von Rom ab und griff die Normannen an, Gregors Verbündete. Da wurde er von den Römern in die Stadt eingelassen.

Am Palmsonntag 1084 krönte Clemens III., inzwischen auch von einigen Kardinälen zum Papst gewählt und inthronisiert, König Heinrich IV. zum römischen Kaiser. Hildebrand, der in der Engelsburg festsaß, rief gegen Kaiser Heinrich die Normannen zu Hilfe, denen Heinrich auswich. Sie eroberten Rom, zerstörten die Stadt und ermordeten viele Menschen. Bei ihrem Abzug musste Hildebrand ihnen aber folgen, um nicht der Rache der Römer anheimzufallen, und begab sich nach Salerno, wo er 1085 als Verbannter starb.

Wibert behauptete sich gegen drei weitere Päpste als Gegenpapst, da er einen Teil der Kardinäle und des römischen Adels hinter sich wusste: Abt Desiderius von Monte Cassino – Papst Viktor III. (reg. 1086–1087), Kardinalbischof Odo von Ostia – Papst Urban II. (reg. 1088–1099), der seine Wirksamkeit besonders in Frankreich entfaltete, und Kardinal Rainer – Paschalis II. (reg. 1099–1118).

1090/91 hielt er sogar eine Synode in Rom ab. Im folgenden Jahr musste er, von den Normannen bedrängt, an den Königshof in Oberitalien zurückweichen. Menschlich integer, politisch eine große Stütze des Königtums und dennoch ein Förderer der Kirchenreform bis zuletzt, bemühte er sich um eine Annäherung an Byzanz und betrieb eigenständige Kirchenpolitik auch in Verhandlungen mit Russland, Dänemark, England, Portugal, Ungarn, Serbien und Kroatien.

1100 starb Clemens III. in der Lombardei. Seine Nachfolger als Gegenpäpste (Theoderich, gewählt 1100, Albert, gewählt 1102, und Sylvester IV., gewählt 1105) erlangten, abgesehen von der Kaiserkrönung Heinrichs V. 1111, keine nennenswerte Bedeutung mehr.

5.6.2 Heimkehr Heinrichs und Sieg über die Opposition, neuer Italienzug

Die Idee der Kirchenreform war mit dem Ende der Herrschaft Gregors VII. freilich nicht ausgelöscht. Sie hatte mit ihm ja auch nicht begonnen. In Deutschland strebten vor allem die Bischöfe Altmann von Passau (1065–1091), Gebhard von Salzburg (1060–1088) und Burchard von Halberstadt nach ihrer Fortsetzung. Die Klöster Hirsau und St. Blasien setzten, unterstützt durch eine reformfreundliche Adelsschicht, ihre Ideen als Vorbilder für andere Klöster durch. Allerdings ging von dieser Entwicklung keine unmittelbare Bedrohung für Heinrichs Stellung aus, da er ja die Kirchenreform an sich nicht bekämpfte.

In den Jahren nach seiner Rückkehr hatte Kaiser Heinrich IV. eine Reihe von Erfolgen zu verzeichnen. Der Sieg über Gegenkönig Hermann von Salm, die Aussöhnung mit sächsischen Fürsten und 1087 die Krönung des Sohnes Konrad zum Mitkönig hatten seine Position gestärkt, ebenso die Idee des Erbkönigtums. Da tat sich in Oberitalien eine neue Gefahr für seine Herrschaft auf: die Heirat Mathilde von Tusziens mit Welf V. 1089, dem Sohn Welfs IV. Die Braut war 40 Jahre alt und verwitwet, der Bräutigam erst 17, doch bildete die Ehe eine mächtige, die Alpen übergreifende Allianz. Heinrich sah sich zu einem erneuten Italienzug genötigt.

Den militärischen Sieg, den er gegen die oberitalienische Koalition errang, konnte er allerdings nicht politisch ausschöpfen, da sein Festhalten an Clemens III., dem Papst, der ihn gekrönt hatte, jetzt mögliche Bündnisse verhinderte.

Heinrichs Gegner bekamen bald auch Unterstützung aus seinem eigenen Lager.

5.7 Außenpolitik

Heinrichs Verwicklungen in die Streitigkeiten mit dem Papst und danach mit den Fürsten wirkten sich nur bedingt auf die Außenpolitik aus. An Weihnachten 1076 erhob sich zwar Boleslaw II. zum König von Polen – gewiss mit der Zustimmung Papst Gregors VII. Doch die Absetzung Boleslaws durch seinen eigenen Bruder Wladyslaw (reg. 1079–1102), der sich mit Heinrichs Schwester Judith verheiratete, verhinderte, dass das Reich im Osten stärker in Bedrängnis kam. Polen schlug sich wieder auf die königliche, antipäpstliche Seite. Auch in Böhmen hatte Heinrich mit Herzog Wratislaw II. (reg. 1061–1092) und dessen Bruder Jaromir-Gebhard, dem Bischof von Prag aus dem Haus der Přemysliden, zuverlässige Verbündete gegen Papst Gregor. Heinrich war dabei nicht nur Garant der böhmischen Nordgrenze gegen Polen, sondern übertrug Wratislaw auch die sächsische Ostmark, die Mark Meißen und die bayerische Ostmark. Schließlich krönte er ihn selbst zum König. Darüber berichtet Cosmas von Prag, Die Chronik der Böhmen 2,37:

> Im Jahr des Herrn 1086 wurde auf Befehl und Anordnung des römischen Kaisers Heinrichs [IV.] eine große Synode in der Stadt Mainz gehalten, wo vier Erzbischöfe und zwölf Bischöfe, deren Namen wir unten angeben werden, die sich hier gemeinsam mit den Äbten der Klöster und den übrigen Getreuen aufhielten, viele Beschlüsse über den Zustand der heiligen Kirche fassten und schriftlich festhielten. Bei dieser Versammlung erhob der Kaiser selbst in Anwesenheit aller Großen seines Reiches, der Herzöge, Markgrafen, Grafen und Bischöfe, auch mit deren Zustimmung, Wratislaw zum Herrscher von Böhmen und Polen und setzte mit eigener Hand die Königskrone auf seinen Kopf. Auch befahl er dem Erzbischof von Trier, nämlich Egilbert, dass er ihn an seinem Metropolitansitz Prag zum König salbe und ihm die Krone aufsetze.

Auf derselben Synode bestätigte Heinrich Jaromir-Gebhard die Privilegien des Bistums Prag.

Ansonsten blieb Heinrichs Politik stark auf Papsttum und Fürsten konzentriert.

5.8 Die innerfamiliäre Opposition

5.8.1 Praxedis/Eupraxia/Adelheid

* 1067/70
† 10. Juli 1109 in Kiew
Begräbnis im Höhlenkloster in Kiew

Eltern: Vsevolod I. Großfürst von Kiew & Anna von Polowzen
1. Ehe: mit Heinrich III. Graf von Stade, gest. 1087
2. Ehe: 1089 mit Heinrich IV.

1089, noch in der Zeit seiner Aussöhnung mit Sachsen, heiratete Kaiser Heinrich IV. Praxedis, die Witwe des mächtigen Heinrich III. Graf von Stade, der 1087 gestorben war. Die Tochter des Großfürsten von Kiew Vsevolod I. Jaroslawič aus der Familie der Rurikiden (reg. 1078–1093) und der Anna von Polowzen war um 1067/70 geboren worden.

Doch die Ehe scheiterte schon bald. 1093 trat Praxedis zusammen mit Heinrichs Sohn und Mitkönig Konrad, während Heinrich in Italien festgehalten wurde, auf die Seite von dessen immer noch zahlreichen und mächtigen Gegnern über. Praxedis erreichte mit einer öffentlichen Erklärung über den Zustand ihrer Ehe eine erneute Bannung Heinrichs. Da sie gegen den Kaiser heftig intrigierte, wurde sie in Verona gefangen gehalten, floh aber Anfang 1094 zu Mathilde von Tuszien.

Sie verbreitete kaum glaubhafte Beschuldigungen gegen ihren Ehemann. Ihre Äußerungen über ihr Eheleben beschäftigten 1094 eine Konstanzer Synode und wurden von ihr auf der Synode von Piacenza 1095 vorgetragen. Papst Urban II. nutzte die familiären Auseinandersetzungen für seine Politik und ließ den Kaiser, der noch immer an Clemens III. festhielt, moralisch verdammen.

Praxedis kehrte vermutlich über Ungarn in ihre Heimat zurück und trat im Dezember 1106 in ein Kiewer Kloster ein. Sie starb am 10. Juli 1109 in Kiew und wurde im dortigen Höhlenkloster bestattet.

5.8.2 Konrad

* 12. Februar 1074
† 27. Juli 1101 in Florenz
Begräbnis in Florenz

1076–1087 Herzog von Niederlothringen
1087–1098 Mitkönig
1093–1098 König von Italien

Eltern: Kaiser Heinrich IV. & Bertha von Turin/Savoyen
Ehe: mit Maximilla, Tochter des Grafen Roger I. von Sizilien

Auf einem Hoftag in Goslar an Weihnachten 1075 wurde Heinrichs ältester lebender Sohn Konrad zum Thronfolger bestimmt. Im Alter von 13 Jahren wurde er in Aachen von Erzbischof Sigwin von Köln zum Mitkönig seines Vaters gekrönt. Damit betonte Heinrich IV. erfolgreich die Idee des Erbkönigtums. Die meiste Zeit seines Lebens verbrachte Konrad in Oberitalien.

Als sich dort Mathilde von Tuszien, eine überzeugte Anhängerin der Kirchenreform, und Welf V. – wie sein Vater Widersacher Heinrichs IV. – ehelich verbanden, entstand eine mächtige Koalition gegen Heinrich, die von Süddeutschland bis Oberitalien reichte. In einem Feldzug gegen sie musste Heinrich jedoch 1092 eine Niederlage hinnehmen.

Inzwischen hatte Konrad das Erbe seiner verstorbenen Großmutter Adelheid von Turin erhalten.

Mit dem Vater möglicherweise schon längere Zeit zerstritten, sah vielleicht schon Konrad – mehr oder weniger von Ratgebern beeinflusst – in der Absetzung des Vaters die einzige Möglichkeit, die Herrschaft der salischen Dynastie langfristig zu erhalten. Immerhin war Heinrich gleichsam dauerhaft exkommuniziert und bestand gerade während seines jüngsten Italienfeldzuges hartnäckig auf dem Schisma zwischen den Päpsten Urban II. und Clemens III.; auch die Opposition der lombardischen Städte verstärkte sich wieder: Der erste oberitalienische Städtebund wurde gegründet.

Unter diesen Umständen wechselte der junge Konrad, 1094 unterstützt durch seine Stiefmutter, auf die Seite der Gegner Heinrichs IV. Er war 1093 in Mailand von Erzbischof Anselm III. Rho (EB 1086–1093) zum König von Italien gekrönt und verhandelte mit Papst Urban II. (reg. 1088–1099) über eine Kaiserkrönung, denn anders als der italienische Gegenkönig gegen Heinrich II., Arduin von Ivrea, beabsichtigte Konrad mit seiner italienischen Krönung keineswegs eine Beschränkung auf diesen Raum. Er heiratete die reiche Maximilla von Sizilien, die ihm normannische Unterstützung in Süditalien verschaffte.

Im April 1095 traf Konrad mit Papst Urban II. in Cremona zusammen, wobei Konrad das Pferd des Papstes am Zügel geführt haben soll, ein Zeichen der gänzlichen Unterwerfung unter den Papst. Auf einer nachfolgenden Synode des Papstes in Piacenza wiederholte Praxedis ihre Vorwürfe gegen Heinrich. Während dieser im Nordwesten Oberitaliens festsaß, zog Papst Urban II. zu einer weiteren Synode nach Clermont. Bei diesem Treffen wurde erneut die Laieninvestitur verboten und zu einem Kreuzzug zur Rückeroberung der heiligen Stätten in Palästina aufgerufen.

Doch nun kamen die im gegnerischen Lager herrschenden Zustände Heinrich zu Hilfe: Die Ehe zwischen Mathilde und Welf zerbrach, Welf IV. versöhnte sich mit Heinrich und wurde von diesem 1096 als Herzog von Bayern anerkannt. Heinrich konnte nach sieben Jahren zu Pfingsten 1097 nach Deutschland zurückkehren.

Heinrich IV. erklärte seinen Sohn 1098 in Mainz für abgesetzt und dessen jüngeren Bruder Heinrich zu seinem Nachfolger; die Krönung Heinrichs V. fand 1099 statt. Konrad verlor in Italien dramatisch an Anhängern, darunter Mathilde von Tuszien und Papst Urban II. Dieser starb 1099, ein Jahr später, als die Kämpfer des Kreuzzuges Jerusalem zurückeroberten und ein unvorstellbares Blutbad anrichteten. 1100 starb Clemens III.

Konrad starb im Alter von 27 Jahren im Jahr 1101 in Florenz. So endete die Auseinandersetzung mit dem Vater (Heinrich IV.) und dem inzwischen volljährigen Bruder (dem späteren Heinrich V.).

5.8.3 Heinrich V. setzt seinen Vater ab

Bisher hatte Kaiser Heinrich IV. alle Gegner besiegt oder überlebt, vor allem Papst Gregor VII., Otto von Northeim, Rudolf von Rheinfelden, Hermann von Salm, schließlich seinen eigenen Sohn Konrad.

Heinrich V. hatte ihm, als er zum Mitkönig erhoben wurde, geschworen, dass er sich nicht gegen ihn auflehnen werde. Doch die beständigen Streitigkeiten zwischen Heinrich IV. und der Fürstenopposition bedrohten im weiteren Verlauf – zumindest aus Sicht des jüngsten Sohnes Heinrich – die salische Dynastie insgesamt: Den Investiturstreit führte Heinrich auch mit dem neuen Papst Paschalis II. fort, der die Laieninvestitur ebenfalls strengstens verbot, sodass er 1102 wieder in den Bann geriet.

Erneut wurden die deutschen Fürsten vom Papst aufgefordert, sich vom Kaiser abzuwenden. Dies beherzigte nun eine neue Generation von führenden Förderern der Kirchenreform, z. B. Markgraf Diepold III. von Cham-Vohburg-Nabburg (1099–1146), Graf Berengar I. von Sulzbach (1099–1125) und Graf Otto von Habsberg-Kastl (reg. 1102–1112), ferner auch Bischof Gebhard von Konstanz (Bf. 1084–1110), päpstlicher Legat, der von Heinrichs IV. Anhängern aus seinem Bischofsitz vertrieben worden war.

Heinrich bemühte sich, vielleicht auch im Bewusstsein des Ernstes der Lage, um Versöhnung. 1103 verkündete er einen reichsweiten Frieden und vergab allen seinen Feinden.

Sollte ihn der Papst vom Bann lösen, würde er sich sogar auf einen Kreuzzug begeben.

Viele ältere Feindschaften konnte er damit aber nicht beenden. So ärgerte es die Fürsten z. B. auch, wenn er sich als Beschützer der Schwachen gegen sie stellte.

Im Januar 1104 enthaupteten Ministerialen in Regensburg den bayerischen Grafen Sigehard von Burghausen. Heinrich IV., der sich zu dieser Zeit in Regensburg aufhielt, hatte Sigehard, der ihm vertraut hatte, nicht beschützt und ließ den Mord nun ungesühnt, selbst die Fürsprache Heinrichs V. für Sigehard war wirkungslos geblieben. Der Zorn der Fürsten gegen Heinrich IV. darüber war enorm. Dessen Sohn Heinrich näherte sich, in Sorge um die Dynastie, den jungen Oppositionellen an. Er ließ sich vom Papst vom Treueid gegen seinen Vater entbinden.

Nach der Einnahme von Speyer, einem zentralen Ort salischen Königtums, setzte Heinrich V. den ihm treuen Geistlichen Gebhard von Urach (Bf. 1104–1107), den bisherigen Abt des Reformklosters Hirsau, zum Bischof ein.

Am Ende des Jahres zog Heinrich IV. mit einem Heer, in dem sich auch Heinrich V. befand, gegen die Sachsen. In Fritzlar kündigte Heinrich V. dem Vater die Gefolgschaft. Er begab sich zunächst nach Regensburg, dann zog er nach Sachsen, wo er als neuer König anerkannt wurde und die Kirchenreform vorantrieb. Im Sommer 1105 zog er nach Franken.

Heinrich IV. dagegen ging nach Rheinfranken, wo er stets die verlässlichsten Anhänger gehabt hatte.

Dann stand eine Entscheidungsschlacht bevor. Doch noch bevor es zu einem Treffen kam, beschlossen beide, bei einem Hoftag in Mainz zu verhandeln. Auf dem Weg dahin zog Heinrich seinem Vater entgegen und zeigte Reue und den Willen zur Versöhnung. Er riet ihm, sich zuerst auf die Burg Böckelheim an der Nahe zurückzuziehen, bis er, Heinrich V., die Fürsten, besonders die von Bayern und Schwaben, auf dem Hoftag wieder für ihn gewonnen habe.

Auf der Burg aber ließ Heinrich V. den Vater, der sein Heer entlassen hatte, festnehmen und gefangen setzen. Heinrich musste die Reichsinsignien herausgeben und an Silvester 1105 als Gefangener in der Kaiserpfalz zu Ingelheim abdanken.

Mit einer erneuten Königswahl wurde Heinrich V. rechtmäßiger König. Dem Vater aber gelang die Flucht. Aufnahme fand er bei Bürgern in Köln. In anderen rheinischen Städten und in Lothringen konnte er für seinen letzten Kampf Anhänger sammeln. Noch einmal entfaltete Heinrich IV. eine Propaganda, die keine Maßnahme ausließ. So schrieb er noch eine Reihe von Briefen an verschiedene Adressaten, in denen er das Handeln seines Sohnes als Verrat verurteilte. Diese wurden wenigstens zum Teil auch veröffentlicht. An seinen Sohn Heinrich schrieb er im Juli 1106 (Briefe 40):

> Heinrich, von Gottes Gnade römischer Kaiser, an seinen Sohn Heinrich.
>
> Wenn Du uns mit der einem Vater geschuldeten Liebe behandelt hättest, wie Du es hättest tun müssen, würde ich jetzt liebend gerne mit Dir wie ein Vater reden und Dir väterliche Aufträge erteilen. Weil Dein Sinn aber gänzlich anders als von Liebe und Menschlichkeit gegen den Vater erfüllt war und ist, können wir nicht anders als mit Dir reden und Dir schreiben, als es die Wahrheit der Umstände selbst mit sich bringt.
>
> Du weißt nämlich selbst, wie Du Dir auch durch den öffentlichen Beweis Deiner Tat bewusst bist, wie sehr Du die Treue und die Sicherheit meiner Person und meine Ehre mit aller demütiger Liebe versprachst, auch uns vor den Fürsten nach Mainz zu retten und uns von da sicher zurückzubringen, wohin wir wollten. Während nun wir uns voller Liebe und ohne Zweifel auf dieses Treueversprechen eingelassen haben, hast Du uns bei Bingen gegen das Treueversprechen gefangen genommen. Dort berührten Dich weder die väterlichen Tränen noch die Trauer und Betrübnis, in welcher wir uns vor Deine und anderer Füße warfen, zum Mitleid, damit Du uns nicht festnähmest und uns unseren irdischen Feinden zum Spott und zur Bewachung übergäbest. So wurden wir von jeder Art der Schmach und des Schreckens heimgesucht und betroffen, und kamen fast zu Tode.

Schon vor der Gefangenschaft raubtest Du uns die Bischofsitze und was immer an königlicher Ehre Du vermochtest, unsere Güter und die Leute. In der Gefangenschaft aber presstest Du uns, was immer noch übrig war, auch die hl. Lanze und das Reichskreuz und alle Reichsinsignien mit Gewalt und Todesdrohungen ab, wie Du ja selbst weißt und es allen Christen schon bekannt ist, und kaum das Leben ließest Du uns noch.

Wie Dir dies von uns nicht reichte, hörtest Du nicht auf, uns auch danach immer und wo wir auch waren auf jede Dir mögliche Weise zu verfolgen, um uns zu verderben und aus der Königsherrschaft zu vertreiben.

[...]

Wir bitten Dich also um der Königswürde willen und Deiner Demut gegen den Vater und durch die Autorität des römischen Papstes und der römischen Kirche, dass Du uns für das uns zugefügte Unrecht und im Bezug auf das, was Du uns mit Gewalt und gegen das Recht entzogen hast, Recht verschaffst. Und ebenso bitten wir, dass Du – da Du ja keinen Grund hast, weshalb Du uns verfolgen solltest – dass Du uns und unsere Getreuen nicht länger bekämpfst, sondern uns erlaubst, dass wir in Ruhe und Frieden leben, um unversehrt und in Ruhe über alles oben Genannte verhandeln zu können. Wisse auch und bedenke bei Dir, dass Gott ein gerechter Richter ist, dem wir unser Geschick anvertrauen, und bedenke seine Strafe, da seine Urteile verborgen sind und unvorstellbar tief.

[...]

Ein Bürgerkrieg zwischen den Anhängern beider Herrscher drohte, zumindest im Westen des Reiches – da starb Heinrich IV. am 7. August 1106 in Lüttich.

5.9 *Tod Heinrichs in Lüttich*

5.9.1 Heinrichs IV. Ende

Eine spätere Darstellung in einer Handschrift Ekkehards von Aura zeigt eine friedliche Übergabe der Reichsinsignien vom Vater an den Sohn. Immerhin scheint sich Heinrich ganz am Ende seines Lebens mit seinem jüngsten Sohn versöhnt zu haben. Auf dem Sterbebett verzieh er Heinrich, dem er Ring und Schwert, die er noch zurückbehalten hatte, überbringen ließ; er bat um Gnade für seine Anhänger und um ein Begräbnis im Dom zu Speyer.

Dies war sicher ein wichtiger Ausgangspunkt dafür, dass sich die Anhänger Heinrichs IV. rasch mit dem Sohn aussöhnten. Schließlich hatte ihn der Vater am Ende doch als Nachfolger akzeptiert und empfohlen.

Das Begräbnis erfolgte im Dom, zunächst in der noch ungeweihten Afrakapelle, erst nach Lösung vom Bann durch einen späteren Papst 1111 kam der Leichnam Kaiser Heinrichs IV. in den Königschor zu Vater und Großvater.

Die Bevölkerung in Lüttich brachte die Verehrung, die Heinrich IV. bei den einfachen Menschen genoss, dadurch zum Ausdruck, dass sie von dem toten Herrscher den Erntesegen erwartete – trotz Kirchenbann. Hierin zeigte sich auch noch eine späte Spur der Vorstellung vom Königsheil. Auch in das Volkssagengut fand Heinrich in einer Weise Eingang, die seine Beliebtheit im Volk deutlich werden lässt, so etwa in der Sage von den Glocken von Speyer:

> Die Glocken zu Speyer zeigten es in alter Zeit jedes Mal an, wenn die Sterbestunde eines Kaisers gekommen war. Derselbe durfte noch so ferne weilen, so fingen sie doch zu läuten an, ohne dass jemand daran rührte. Nun kam einst der von allen verlassene Kaiser Heinrich IV. als bettelnder Greis nach Speyer und fand in dem ärmlichen Häuschen der Vorstadt Aufnahme. Noch in gleicher Nacht hauchte er auf harter Lagerstatt sein Leben aus. Da fing die große Kaiserglocke im Dom an, dumpf und feierlich zu klingen, und alle fünfzig Glocken der Stadt fielen mit klagendem Ton ein. In Speyer aber und weit im Land umher lief das Volk zusammen und fragte: »Der Kaiser ist gestorben? Weiß niemand, wo der Kaiser starb?« Nach Jahren erwartete sein verräterischer Sohn Heinrich V. in seiner Pfalz zu Speyer auf goldener Lagerstatt den Tod. Geschäftige Diener eilten besorgt hin und her, und als das letzte Stündlein kam, da wimmerte es plötzlich durch die Luft. Die kleine Glocke, die Armesünderglocke, die lange verstummt war, läutete von selbst und mit seltsamem Klang, und keine der vielen Glocken stimmte mit ein. Und wieder lief das Volk in den Straßen zusammen wie ehedem; doch fragte es heute: »Wer wird denn wohl gerichtet jetzt?«

5.9.2 Würdigung

Nicht nur der Gang nach Canossa und die schmerzliche Auseinandersetzung mit Papst Gregor VII. machten Heinrich IV. zur tragischsten Gestalt unter den Salierkaisern: Er hatte sich gegen die Aufstände seiner zwei Söhne zu wehren und seine Herrschaft gegen zwei Gegenkönige zu verteidigen. Und am Ende seines Lebens wurde er von seinem Sohn, Heinrich V., gestürzt und auf der Burg Böckelheim bei Kreuznach, die dem Speyerer Bischof gehörte, über Weihnachten 1105 gefangen genommen. Von der Pfalz Ingelheim, wohin ihn der Sohn gebracht hatte, gelang es Heinrich zu fliehen, um den Kampf um Thron und Reich erneut aufzunehmen. Am 7. August 1106 starb er jedoch in Lüttich. Seiner Bitte folgend, brachte der Sohn den Leichnam des Vaters nach Speyer, um ihn dort bei den Vorfahren beizusetzen. Da er jedoch noch im Bann war, verweigerte Bischof Gebehard, der als Hirsauer Mönch streng päpstlich gesinnt war, das Begräbnis in geweihter Erde. Erst als es Heinrich V. im Jahr 1111 nach schwierigen Verhandlungen mit dem Papst gelungen war, die Lösung des Toten vom Bann zu erreichen, konnte er den bisher in der ungeweihten Afrakapelle stehenden Sarkophag in den Königschor des Speyerer Domes einsenken lassen. »Von allen Kirchen seines Reiches liebte er (Heinrich IV.) Speyer am meisten, er erhob es durch königliche und wunderbare Werke und Ehren, dort ruht er jetzt neben seinen Vorfahren, im Beisein seines Sohnes und aller Fürsten des Reiches bestattet«, berichtet der Mönch Ekkehard von Aura in seiner »Weltchronik«.

In seinen letzten Jahren hatte Heinrich IV. trotz seiner Beharrlichkeit in manchem Streit viel für den Frieden im Reich getan und damit auch dem »kleinen Mann« geholfen. Zu erinnern ist an den Reichslandfrieden im Jahr 1103 – eine Wohltat für eine Zeit, die von kriegerischen Auseinandersetzungen bestimmt war. So wird die ergreifende Totenklage, die ein unbekannter Biograph anstimmt, verständlich: »Wer wird Wasser geben meinem Haupte und Tränen meinen Augen, dass ich betraure den Tod des erhabenen Kaisers Heinrich, der meine Hoffnung war und einziger Trost. Die Münster haben ihren Patron, die Klöster ihren Vater verloren.«

Kein Salier und nur wenige andere deutsche Könige und Kaiser haben einen solchen Niederschlag in der Literatur und in der Volkssage gefunden wie Heinrich IV. und sein Schicksal. Über die Bewertung des Ganges nach Canossa besteht auch in der Forschung des 21. Jahrhunderts keine Einigkeit.

6. Heinrich V.

* 11. August (?) 1086
† 23. Mai 1125 in Utrecht
Begräbnis im Dom zu Speyer

1098 Erhebung zum Mitkönig
1099 Krönung zum Mitkönig
1106 selbstständige Regierung
13. April 1111 Kaiserkrönung in Rom

Eltern: Kaiser Heinrich IV. & Bertha von Turin/Savoyen
Ehe: 1114 mit Mathilde von England
Kinder: Tochter Bertha, verh. mit Graf Ptolemäus II. von Tusculum

6.1 *Kindheit und Jugend*

Über die Jugend Heinrichs V. ist praktisch nichts überliefert. Er war im Kreise seiner Geschwister ein Nachkömmling und als jüngerer Königssohn zunächst nicht für die Thronfolge bestimmt. Seine Mutter starb, als er erst ein Jahr alt war. Seine Jugend verlief vermutlich sehr unruhig, da sein Vater in dauerndem Kampf mit Feinden und der Fürstenopposition beschäftigt war. Bewusst erlebte Heinrich insbesondere, wie sich sein großer Bruder Konrad gegen den Vater stellte.

6.2 *Königswahl*

Nach dem Aufstand und der Absetzung seines Bruders Konrad wurde Heinrich V. im Mai 1098 auf einer Mainzer Reichsversammlung zum König gewählt und zu Beginn des Jahres 1099 vom Erzbischof von Köln in Aachen gekrönt. Er musste sich aber durch Eid verpflichten, sich zu Lebzeiten des Vaters nicht in die Reichsgeschäfte einzumischen.

Nichtsdestoweniger wurde er zuweilen mit politischen und militärischen Aufgaben betraut. In den ersten Jahren nach der Königserhebung sind keine Konflikte zwischen Vater und Sohn in den Quellen erkennbar. Die Gründe im Einzelnen können vielfältig und zahlreich sein. Die Gefangennahme seines Vaters (1105) und die Herrschaftsübernahme (1106) wurde von ihm wohl als Maßnahme zur Erhaltung der Dynastie und als Wiederherstellung des Einvernehmens mit dem Papst verstanden.

Jedenfalls erbat und erhielt Heinrich V. die Unterstützung der Kirche gegen seinen Vater. Dies war auch eine unverzichtbare Grundlage seines Erfolges.

6.3 Reichspolitik

Als zu Beginn des 12. Jahrhunderts die Fürsten begannen, in Opposition zum Kaiser ihre Territorien zu erweitern, versuchte Heinrich V., mit Hilfe der Reichsministerialen dem Königtum am Oberrhein eine starke Stellung zu verschaffen. Auch die Begünstigung der Städte durch Privilegien stärkte zunächst seine Macht. Ebenso wie sein Vater bemühte er sich um die Mehrung des Reichsgutes.

Bei den jungen Fürsten, die in Opposition zu seinem Vater gestanden hatten, besaß Heinrich zunächst eine Unterstützung, die ihm in den ersten Jahren eine relativ spannungsfreie Herrschaft ermöglichte.

Doch die Besetzung von Herzogtümern bildete auch für den letzten Salier eine brisante Aufgabe. In Niederlothringen setzte König Heinrich Herzog Heinrich aus der Familie der Grafen von Limburg (reg. 1101–1106) ab, einen der wenigen Parteigänger seines Vaters, mit denen kein Ausgleich stattfand. An seine Stelle setzte der König Graf Gottfried von Löwen (reg. 1106–1128/39) und schuf so eine Rivalität zwischen altem und neuem Herzog, die die Stabilität im Westen beschädigte. Dies nutzte sogleich Robert von Flandern (reg.

1093–1111) aus, der in einem Feldzug sein Territorium erweitern wollte.

In Sachsen starb 1106 Herzog Magnus Billung. Heinrich verlieh die so frei gewordene Herzogwürde nicht an einen von dessen Schwiegersöhnen, den Welfen Heinrich den Schwarzen (Ehemann von Magnus' Tochter Wulfhild) oder den Askanier Otto von Ballenstedt (Ehemann von Eilika), die nur die Eigengüter der Billunger erbten, sondern an Lothar von Supplinburg. In der Tradition seiner Vorgänger betonte Heinrich so den Amtscharakter der Herzogwürde gegenüber den Erbansprüchen der Billunger.

Was zuerst wie ein Erfolg schien, hatte Heinrich aber einen mächtigen Landesfürsten eingehandelt, der, gestärkt durch northeimisch-katlenburgisch-brunonische Erbschaften schon sehr schnell zu seinem Gegner wurde. Der Anlass zum Bruch zwischen König und Herzog wird zwar erst in einer recht späten Quelle, den Stader Annalen, mitgeteilt, sodass die Information sehr kritisch zu betrachten ist, im Kern wird aber wohl der Sachverhalt erfasst sein.

Heinrich V. stritt sich mit Markgraf Rudolf von Stade (reg. 1106–1114) wegen der Behandlung zweier Ministerialen, wobei der Markgraf den König demütigte. Daraufhin setzte Heinrich zusammen mit einigen Fürsten Rudolf und seinen Unterstützer Herzog Lothar ab. Nachdem dieses Zerwürfnis noch einmal hatte beigelegt werden können, dauerte es nicht lange, bis um das Lehen des kinderlos verstorbenen Grafen Udalrich von Weimar ein sächsischer Aufstand ausbrach. Heinrich siegte über Lothar, der im Büßergewand auf Heinrichs Hochzeit in Mainz erschien und Vergebung erlangte. Dass Heinrich ihn dazu genötigt hatte, empörte die Fürsten allerdings sehr. Mit solchen und ähnlichen Vorgehensweisen verspielte Heinrich seinen Rückhalt im Norden des Reiches.

Lothar tat sich sofort erneut mit einem Gegner Heinrichs zusammen, dieses Mal mit dem Kölner Erzbischof Friedrich von Schwarzenburg (EB 1100–1131). Gegen diese Koalition erlitt Heinrich V. am 11. Februar 1115 in der Schlacht bei Welfesholz bei Eisleben eine vernichtende Niederlage, die für die Salier den endgültigen Verlust Norddeutschlands bedeutete. Lothar wurde de facto zum Herrscher in Sachsen.

1112 hatte sich Heinrich mit dem Mainzer Erzbischof Adalbert von Saarbrücken (reg. 1100–1137) überworfen. Dabei war es um den Besitz von Burgen und um Dienste für den Kaiser gegangen, dem er immerhin sein Amt verdankte. Der Bischof gehörte zu den Fürsten, die in besonderem Maße am Ausbau ihrer territorialen Herrschaft arbeiteten. Heinrich warf ihm vor, dazu königlichen Besitz geraubt zu haben. Der König nahm den Erzbischof für mehrere Jahre gefangen, bis Mainzer Bürger seine Freilassung erzwangen. Auch hier, wo er es deutlicher hätte voraussehen können, hatte er sich einen Feind auf Lebenszeit geschaffen.

Am 6. Januar 1114 feierte Heinrich einen glänzenden Hoftag in Mainz, an dem er sich mit Mathilde von England vermählte. Mit dem Erbe der Markgräfin Mathilde von Tuszien in Norditalien, das sie ihm zur allgemeinen Überraschung vermacht hatte, gewann Heinrich einen neuen Stützpunkt, der ihm den letzten Anstoß zu einem Italienzug gab, welcher ja, wollte er als vierter Salier die Kaiserwürde erwerben, unverzichtbar war.

Zum Reichsverwalter ernannte er inzwischen seinen Neffen Herzog Friedrich II. von Schwaben (reg. 1105–1147). Diesem stand der rheinische Pfalzgraf Gottfried von Calw (reg. 1113–1131) bei.

Die Staufer stellten insbesondere ein Gegengewicht zu Bischof Adalbert von Mainz dar, wussten ihre Funktion aber auch für den Ausbau ihrer Territorien und ihrer Hausmacht zu nutzen.

Als Gesandten für die Verhandlungen zur Kaiserkrönung hatte Heinrich 1109 Bruno von Bretten und Lauffen, Erzbischof von Trier (EB 1102–1124), nach Rom zu Papst Paschalis II. vorausgeschickt. Diese Gesandtschaft war auch theologisch vorbereitet worden. Siegbert von Gembloux verfasste 1109/1110 den Traktat *De investitura episcoporum*. Wie offenbar nie zuvor wurde in Rom deutlich, dass die Bischöfe als Stütze der königlichen Macht im Reich unverzichtbar waren. Der König müsse sich, so Siegbert, auf die Bischöfe verlässlich stützen können, da sie mit so viel Macht und Grundbesitz ausgestattet seien. Dieser Tatbestand wurde von der Kirchenleitung verstanden.

1111 zog Heinrich dann selbst mit einem 30 000 Mann starken Heer nach Rom. Er traf sich zu heimlichen Verhandlungen mit Papst Paschalis II. in der Nähe von Rom. Dabei unterbreitete die päpstliche Seite dem König den Vorschlag, dass, wenn sich die weltliche und die geistliche Funktion der Bischöfe nicht miteinander vertrügen, die Bischöfe doch auf ihre weltlichen Rechte, d. h. die Regalien, die ihnen vom König verliehen wurden, verzichten und sich auf die Besitzungen, die ihnen sonst geschenkt oder vererbt wurden, beschränken sollten. Heinrich ließ sich auf diesen Vorschlag ein, und auch die weltlichen Fürsten begrüßten ihn, allerdings ohne die Bischöfe dazu zu hören.

Ein Vorvertrag wurde am 4. Februar 1111 unterzeichnet, auf Seiten des Reiches jedoch nur von Heinrich und den weltlichen Fürsten. Heinrich verzichtete auf eine Beteiligung an der Investitur, dafür mussten die geistlichen Fürsten dem König alle erhaltenen Privilegien zurückerstatten.

Diese erfuhren von der Abmachung erst bei der Krönungsfeier in Alt-St.-Peter und waren so empört, und ihr Protest war so heftig, dass die Feier zunächst unterbrochen werden musste. Die Bischöfe hatten in den vergangenen Jahrzehnten zunehmend Reichsverantwortung getragen und sahen Heinrichs Haltung vor diesem Hintergrund als Verrat.

Heinrich nahm Papst Paschalis II. in Haft. Er zwang ihn,

- ihm die Investitur weiterhin zu gestatten,
- seinen Vater, Heinrich IV., posthum vom Bann zu lösen,
- ihn selbst, Heinrich V., zum Kaiser zu krönen.

Die Bestimmungen über die Investitur wurden im Vertrag von Ponte Mammolo (nordöstlicher Stadtteil von Rom) festgeschrieben. Die tatsächliche Krönung fand am Donnerstag, den 13. April 1111, statt. Nach der Krönung kehrte Heinrich eilig nach Deutschland zurück und ließ seinen Vater im Königschor des Speyerer Domes bei Großvater und Urgroßvater bestatten. Aus Freude über diesen Erfolg erteilte er den Bürgern der Stadt ein umfangreiches Privileg, das vor allem die Abgabenlast erleichterte.

Doch sein Vorgehen in Rom, das doch sehr an seinen Vater erinnerte, hatte nicht nur den Papst und die Kirchenreformer verschreckt, sondern auch die deutschen Fürsten. Freilich wurde der Vertrag von Ponte Mammolo nach Heinrichs Abzug von römischer Seite in einer Lateransynode widerrufen, Heinrich V. selbst auf der Synode von Vienne gebannt.

Nach der Rückkehr nach Deutschland wurde Heinrich auch von den Auseinandersetzungen mit deutschen Reichsfürsten wieder eingeholt. 1121 belagerte er Mainz, dessen Erzbischof Adalbert mit einem Entsatzheer anrückte. Doch es kam nicht zur Schlacht. Stattdessen vermittelten die Fürsten zwischen König und Erzbischof. Zwölf von jeder Seite nahmen an den Verhandlungen teil. Ihren Schiedsspruch, das sogenannte Würzburger Friedensinstrument vom 29. September, nahm Heinrich auf einem Hoftag an. Inhaltlich war der Vertrag von Erzbischof Adalbert bestimmt worden. Damit unterwarf sich Heinrich dem Papst. Gleichzeitig hatten die Fürsten dem Kaiser das Heft des Handelns aus der Hand genommen.

6.4 Wormser Konkordat 1122

Heinrich musste nun auch in der Frage des Investiturstreits zu einer Lösung kommen und die Lösung vom Bann erreichen. 1119 war Calixtus II. (Guido von Burgund) zum Papst gewählt worden (reg. 1119–1124), mit dem sich Heinrich noch im selben Jahr persönlich traf. Der Einigungsversuch scheiterte allerdings, der Bann über Heinrich blieb aufrecht. Nach dem Schiedsspruch der Fürsten, der Heinrich zum Gehorsam gegen den Papst verpflichtete, verhandelte der Kaiser erneut mit dem Papst und kam schnell zu einem Ergebnis, zu dem aber auch die Verhandlungen von 1111 beigetragen haben könnten.

Am 24. Oktober 1119 trafen sich Heinrich V. und Calixtus II. persönlich in Mouzon (in den Ardennen) und einigten sich auf ein Vertragswerk, das in zwei Fassungen 1122 veröffentlicht wurde, einer päpstlichen und einer kaiserlichen. Im Kern wurde beschlossen: Der Kaiser verleiht den Bischöfen Regalien, der Papst verleiht die Regalien des hl. Petrus; der Kaiser verzichtet auf die Investitursymbole Stab und Ring und garantiert freie kanonische Wahlen sowie die ungehinderte Weihe der Bischöfe. Auch versprach Heinrich die Rückerstattung von Kirchenbesitz, der von seinem Vater und ihm entzogen worden war. Der Papst gestattete die Wahl der Reichsbischöfe in der Gegenwart des deutschen Königs, der das Zepter als Symbol der weltlichen Macht der Bischöfe verleihen durfte. Damit blieb der Einfluss des Königs auf die Besetzung der Bischofsstühle im deutschen Teil des Reiches grundsätzlich gewahrt. Heinrich wurde wieder in die Kirche aufgenommen.

Die kaiserliche Urkunde (MGH Constitutiones I, Nr. 107) lautet:

> (1) Im Namen der heiligen und unteilbaren Dreifaltigkeit. Ich, Heinrich, von Gottes Gnaden römischer Kaiser und Augustus, überlasse aus Liebe zu Gott und der römischen Kirche und zu Papst Calixtus, Gott und den Heiligen Gottes, den Aposteln Petrus und Paulus und der heiligen katholischen Kirche jede Investitur durch Ring und Stab und gestehe in allen Kirchen zu, welche sich in meinem Reich oder Herrschaftsgebiet befinden, dass eine kanonische Wahl und freie Weihe stattfindet. (2) Besitztümer und Regalien des seligen Petrus, welche von Anbeginn dieses Streites bis auf den heutigen Tag, sei es zur Zeit meines Vaters, sei es während meiner Regierung, der Kirche entzogen worden sind und sich in meinem Besitz befinden,

erstatte ich eben dieser heiligen römischen Kirche zurück, bei denen, die ich nicht mehr besitze, werde ich treu dazu helfen, dass sie ersetzt werden. (3) Auch den Besitz aller anderen Kirchen, Fürsten und anderer, Kleriker wie Laien, welche in diesem Streit verlorengegangen sind, werde ich auf den Rat der Fürsten oder nach Gerechtigkeit, soweit sie sich in meiner Verfügungsmacht befinden, zurückgeben. Soweit sie sich nicht in meiner Verfügungsgewalt befinden, werde ich treu dabei helfen, dass sie zurückgegeben werden. (4) Und dem Herrn Papst Calixtus gebe ich wahren Frieden, auch der heiligen römischen Kirche und allen, die auf ihrer Seite stehen oder standen. (5) Und in allem, worin die heilige römische Kirche meine Hilfe fordern wird, werde ich treu helfen, und von wem mir eine Klage vorgetragen wird, dem werde ich Gerechtigkeit schaffen.

Die päpstliche Urkunde (MGH Constitutiones I, Nr. 108) lautet:

(1) Ich Bischof Calixtus, Knecht der Knechte Gottes, gestatte Dir, meinem geliebten Sohn Heinrich, von Gottes Gnaden römischer Kaiser Du Augustus, dass die Wahlen der Bischöfe und Äbte, welche sich auf das deutsche Reich beziehen, in Deiner Gegenwart stattfinden, aber ohne Simonie und Gewaltanwendung, damit Du, wenn sich zwischen zwei Parteien eine Zwietracht erhebt, nach Rat und Urteil des Metropoliten und seiner Suffraganen dem vernünftigeren Teil Zustimmung und Hilfe gewährst. Der Gewählte aber erhält die Regalien von Dir durch Zepter, und was er nach diesem Recht Dir schuldet, mag er tun. (2) Wer in anderen Teilen des Reiches [Italien oder Burgund] geweiht wird, soll innerhalb von sechs Monaten von Dir die Regalien durch das Zepter empfangen und was er aus diesem Recht Dir schuldet, tun. Ausgenommen davon ist alles, wovon man weiß, dass es zur römischen Kirche gehört. (3) In dem aber, was Du mir gegenüber beklagen wirst, und in dem, worin Du meine Hilfe fordern wirst, werde ich Dir die gemäß meinem Amt geschuldete Hilfe leisten. (4) Ich gebe Dir den wahren Frieden und allen, die auf Deiner Seite stehen oder standen in der Zeit dieses Streites.

6.5 *Außenpolitik*

Heinrichs Außenpolitik war von wechselndem Erfolg geprägt.

In Böhmen wahrte er die Lehenshoheit des Reiches, indem er in einem Erbfolgestreit seinen Kandidaten Svatopluk Wladislaw II. als neuen Herzog durchsetzte.

1108 und 1109 unternahm er ergebnislose Feldzüge gegen Ungarn und Polen, denen es nunmehr gelang, sich der Lehenshoheit des Reiches zu entziehen.

In Polen war ein neuer Erbfolgestreit ausgebrochen. Heinrich wurde zu Hilfe gerufen. Anders als in Böhmen musste er sich aber hier mit dem Sieg und der Herzogserhebung Boleslaws III. abfinden, den er nicht favorisiert hatte. Ebenso musste Heinrichs Mann in Ungarn namens Almos dem nach Byzanz orientierten Koloman als neuem König weichen.

Durch ein familiäres Bündnis mit Heinrich I. von England, dessen Tochter Mathilde der deutsche Kaiser heiratete, versuchte er, ein Gegengewicht gegen das neuerdings enger mit dem Papst verbündete Frankreich zu schaffen, was seine außenpolitische Situation aber nur wenig stärkte. Stattdessen nötigte Heinrich von England im Krieg um die Herrschaft über die Normandie seinen Schwiegersohn zu einem Frankreichfeldzug, doch König Ludwig VI. von Frankreich zwang Heinrich 1124 bei Metz zum Rückzug.

6.6 *Mathilde (Maud) von England*

* 7. Februar 1102 in Sutton Courtenay
† 10. September 1167 in Rouen
Begräbnis in der Abteikirche zu Bec-Hellouin

Eltern: Heinrich I. König von England, Herzog der Normandie & Mathilde (Edith) von Schottland
1. Ehe: 7. Januar 1114 in Mainz mit Kaiser Heinrich V.
2. Ehe: 1128 mit Gottfried V. Graf von Anjou
Kinder: Heinrich II., König von England (reg. 1154–1189); Gottfried (gest. 1157); Wilhelm (gest. 1163)

Mathilde (Maud) von England wurde geboren am 7. Februar 1102 in Sutton Courtenay als Tochter von König Heinrich I. von England (reg. 1100–1135), Herzog der Normandie, und dessen Frau Mathilde (Edith) von Schottland. 1110 kam sie als Braut König Heinrichs V. nach Deutschland und wurde an Ostern in Utrecht mit ihm verlobt. Heinrich und Mathilde heirateten am 7. Januar 1114 in Mainz, wo sie von Erzbischof Friedrich I. von Köln zur Königin gekrönt und danach Erzbischof Bruno von Trier zur Erziehung anvertraut wurde. Ihre Mitgift von 10 000 Mark Silber wurde zur Finanzierung von Heinrichs Romzug verwendet.

1117 nahm Mathilde am zweiten Romzug Heinrichs teil. Heinrich vertrieb damals Papst Paschalis aus Rom und setzte als Gegenpapst Mauritius von Braga – Gregor VIII. – ein. Es wurde eine Feier abgehalten, aber eine echte Krönung Mathildes zur Kaiserin fand wohl nicht statt. Als nach dem Tod Paschalis' II. Papst Calixtus II. gewählt wurde, vertrieb er Gregor VIII. wieder, der nackt auf einem Esel aus Rom hinausreiten musste. Mauritius starb 1137.

Nach Heinrichs Heimkehr nach Deutschland im Herbst 1118 blieb Mathilde mit ihrem Heer noch in Italien und war als Vorsitzende des Hofgerichts in Norditalien tätig. Von der Richtertätigkeit der Königin sind zwei Urkunden erhalten, aus denen hervorgeht, dass Mathilde nicht in Heinrichs Namen, sondern im eigenen Recht sprach und wohl auch die Verhandlungen selbst geleitet hatte.

Nach Heinrichs Tod kehrte Mathilde nach England zurück, wo sie, da sie die einzige legitime Nachkomme König Heinrichs I. war, zur Herrin von England bestimmt wurde, bis ein männlicher Erbe vorhanden sein würde.

1129 heiratete sie jedoch auf Wunsch ihres Vaters, allerdings ohne Zustimmung der englischen Großen den zehn Jahre jüngeren Gottfried von Anjou. Mit ihm zusammen hatte sie die Söhne Heinrich, Gottfried und Wilhelm. In England führte sie nun den Titel Kaiserin, der ihrem Namen von der deutschen Kanzlei nie beigesetzt worden war.

Nach dem Tod Heinrichs I. 1135 beanspruchte Stephan von Blois zunächst erfolgreich den englischen Thron. Gottfried von Anjou aber eroberte in ihrem Namen die Normandie. Sie selbst landete in England, konnte sich im Südwesten des Landes eine Machtbasis schaffen, musste die Insel aber nach mehreren Jahren der Anarchie, auch weil sie sich zu viele Feinde gemacht hatte, wieder verlassen. Der kinderlose Stephan von Blois adoptierte ihren ältesten Sohn Heinrich, der ihm als König nachfolgte.

Mathilde selbst zog sich in das Kloster Notre-Dame du Pré zurück, blieb aber Ratgeberin ihres Sohnes. Mathilde starb am 10. September 1167 und wurde in der Abteikirche Bec-Hellouin beigesetzt. Auffällig bleibt der Unterschied zwischen der positiven Erinnerung, die sie in Deutschland hinterlassen hat, und ihrem negativen Ansehen in England.

6.7 Ende der salischen Dynastie

Auch nach dem Abschluss des Konkordats und der Lösung vom Bann waren die Konflikte mit den Fürsten für Heinrich nicht beendet. Sachsenherzog Lothar schaffte es sogar, bei der Wiederbesetzung der Markgrafschaften Meißen und Niederlausitz 1123 seine Kandidaten Konrad von Wettin (reg.

…3–1157) und Albrecht den Bären (reg. 1123–1131) gegen den …andidaten des Kaisers Wiprecht von Groitzsch durchzusetzen.

Selbst die bisher treuen Städte standen nicht mehr zu ihm. So kam es 1124 zum Aufstand der Stadt Worms, den er nach längerer Belagerung beenden konnte. Und doch waren die salischen Spuren in Sachsen und im Harz nicht ausgelöscht. Im Stift St. Simon und Judas in Goslar wurde aufgrund einer Stiftung noch immer jedes Jahr das Gedächtnis an die Wahl Heinrichs IV. zum Mitkönig gefeiert. Die zugrunde liegende Stiftung stammte von einer Frau namens Azela, auch Ascela geschrieben, die offenbar in naher Verwandtschaft zu Heinrich IV. gestanden hatte. Vermutlich war sie eine außereheliche Tochter Heinrichs III. aus der Zeit vor der Heirat mit seiner ersten Frau Gunhild. Ihr Sohn Johannes Graf im Kraichgau war 1090 von Heinrich IV. zum Bischof von Speyer ernannt worden.

Zum letzten Mal spielte die Pfalz für die Salier 1125 eine Rolle: Kurz vor seinem Tod übergab Heinrich V. in Utrecht dem Stauferherzog Friedrich von Schwaben, den er zu seinem Nachfolger ausersehen hatte, Krone und Reichskleinodien, damit er sie auf den Trifels bringe und dort verwahre.

Heinrich V. verbrachte Ostern 1125 in Lüttich. Von dort zog er nach Utrecht, wo er am 23. Mai im Alter von 39 Jahren, vermutlich an einem Krebsleiden, starb.

Auf dem Sterbebett hatte er seine Gemahlin Kaiserin Mathilde und seinen Neffen, den Staufer Herzog Friedrich II., zu sich rufen lassen und Friedrich zu seinem Erben erklärt, der von mütterlicher Seite her salischer Abstammung war.

Herz und Eingeweide des Verstorbenen wurden im Dom des Sterbeortes beigesetzt, seine Hülle im Dom zu Speyer, der damit als einzige Kirche alle Herrscher einer Dynastie des mittelalterlichen Reiches birgt.

Noch bei Heinrichs Beisetzung wurde ein Einladungsschreiben zur Wahl eines neuen Königs verfasst. Friedrich II. begab sich als Kandidat nach Mainz. Die Wahlversammlung wurde von Bischof Adalbert geleitet. Gewählt wurde Heinrichs mächtigster Gegner Lothar von Supplinburg. Das Zeitalter der Salier war zu Ende. Mathilde übergab die in der Reichsburg Trifels aufbewahrten Reichsinsignien an Bischof Adalbert von Mainz.

Auf Lothars Zwischenspiel folgte aber Konrad III. (1138–1152) und dann Friedrich I. Barbarossa, der Sohn des von Heinrich bestimmten Nachfolgers.

Die salischen Herrscher besaßen ein eigenes Verständnis vom Kaisertum, das sich von dem der sächsischen Herrscher vor ihnen und dem der Staufer nach ihnen erkennbar unterschied. Ihr Dynastieverständnis erreichte eine zuvor unbekannte Ausprägung. Beides fand den Höhepunkt in der weltlichen und geistlichen Machterweiterung Heinrichs III. Der bedeutende Historiker Stefan Weinfurter urteilt:[11] Die salischen Herrscher seien nicht »die Verlierer ihrer Epoche gewesen, denn sie haben eine Herrscheridee entwickelt, deren Kraft unter den Staufern weiterwirkte und noch gesteigert wurde. Auch ihre territorialpolitischen Ansätze, die seit Heinrich IV. deutlichere Konturen annahmen, bildeten die Grundlage für die staufische Reichslandpolitik.«

11 Stefan Weinfurter, Das Jahrhundert der Salier, S. 188.

7. Stadt und Bistum Speyer in der Salierzeit

7.1 Die Bischöfe von Speyer

7.1.1 Veränderungen im salischen Jahrhundert

Die Rolle der Bischöfe veränderte sich im salischen Jahrhundert stark. Sie entwickelten ein Amtsverständnis als Fürsten des Reiches und übernahmen in zunehmendem Maße Verantwortung.

Nach neuerer Forschungsmeinung betrieben die Salier auch weit mehr als ihre Vorgängerdynastie eine Reichskirchenpolitik, die sich auf die Bischöfe stützte und sie mit Befugnissen ausstattete. Am Ende des Jahrhunderts begannen sie selbst, eine eigene Territorialpolitik zu entwickeln, die sie auch in einen Gegensatz zum König bringen könnte. Gleichzeitig wurden sie um 1100 mehr als um 1000 von einem Papst, der die Herrschaft über die Gesamtkirche und den Kaiser beanspruchte, in die Gehorsamspflicht genommen.

Über diese Veränderung hinaus hat das Bistum Speyer tiefgreifende Neuerungen mitgemacht. Im Jahr 980 findet man bei der Erwähnung Speyers noch den Begriff *vaccina* (»Kühstadt«, durch die die Rinder getrieben werden, so benannt vom späteren Bischof Walter von Speyer), aus der in der salischen Zeit die *Metropolis Germaniae* (Ordericus Vitalis) wurde.

7.1.2 Speyer vor 1024

Mit dem Amt des Speyerer Bischofs verband sich geistliche und weltliche Herrschaft. Das Bistum, der geistliche Jurisdiktionsbezirk des Bischofs, deckte sich nicht mit dem weltlichen Amtsbereich des Bischofs, dem Hochstift. Zwar lag das Bistum ebenso wie das Hochstift zu beiden Seiten des Rheins, doch war der Diözesansprengel weit umfangreicher als das weltliche Territorium.

Bis zu den Umwälzungen im Gefolge der Französischen Revolution erstreckte sich das Bistum Speyer vom Kamm des Haardtgebirges im Westen bis in die Region von Rems und Murr im Osten und von Dürkheim im Norden bis nach Forbach im Murgtal im Süden. Das Hochstift, der weltliche Herrschaftsbereich der Bischöfe, hatte seinen Schwerpunkt auf dem rechten Ufer des Rheins um Bruchsal, linksrheinisch um Deidesheim, um Speyer, am Haardtrand, im Bienwald und um Weißenburg.

Basis für die Reichspolitik der Salier war ihr angestammtes Machtzentrum am Ober- und Mittelrhein; hier hatten sie bei ihren Auseinandersetzungen mit Gegenkönigen oder dem Papst festen Rückhalt.

Bereits Herzog Konrad der Rote hatte das Bistum Speyer sehr gefördert. Als Sühne für die Blendung Bischof Einhards I. durch seinen Vater Werner V. hatte er dem Speyerer Bischof Reginbald I. alle seine Hörigen, das Münzrecht, die Hälfte des Zolls – die andere Hälfte besaß der Bischof bereits –, die Marktaufsicht und Marktabgaben, sowie die Gerichtsrechte in Speyer übertragen. Dafür erhielt er vom Bischof das lebenslange Nutzungsrecht an Gütern der Speyerer Kirche in Rödersheim, Deidesheim und Erpolzheim. Diese Vereinbarung stärkte die Stellung des Bischofs beträchtlich. 969 wurde Bischof Otgar von Otto d. Gr. die ausschließliche Gerichtsbarkeit in Speyer sowie in der »Vorstadt« Altspeyer verliehen. Somit wurde der Bischof im Auftrag des Königs alleiniger Stadtherr.

Bis zur Regierungszeit Kaiser Ottos I. des Großen (reg. 936–973) sind nur wenige Nachrichten über die Bischöfe von Speyer erhalten. Ihr Leben und Wirken bleibt weitestgehend im Dunkeln. Erst seit der Mitte des 10. Jahrhunderts berichten die Quellen ausführlicher über ihr Leben und ihre Amtsführung.

Bedeutende Männer – zumeist aus dem engsten Beraterkreis des Kaisers ausgewählt – bestiegen in dieser Epoche den Bischofsstuhl. Sie wurden ihren geistlichen und weltlichen Aufgaben gleichermaßen gerecht. Die Speyerer Bischöfe Gottfried (Bf. 950–960) und Otgar (Bf. 962–970) spielten eine einflussreiche Rolle am ottonischen Kaiserhof. Otgar war als Beauftragter des Kaisers mehrfach in Rom. Die Speyerer Bischöfe Balderich von Säckingen (Bf. 970–986) und Walther (Bf. 1004–1027) gehörten zu den gelehrtesten Männern ihrer Zeit. Unter ihnen gelangte die Domschule von Speyer zu höchstem Ansehen.

7.1.3 Das Bistum in der Salierzeit

Bischof Reginbald II. (Bf. 1033–1038) war im Kloster St. Gallen erzogen worden und Abt von St. Afra in Augsburg und im Kloster Lorsch gewesen. Reginbald zeichnete sich durch Frömmigkeit und hohe Gelehrsamkeit aus. Da er sich insbesondere für die Armen einsetzte, wurde er nach seinem Tod wie ein Heiliger verehrt. In der Amtszeit Reginbalds wurde von Konrad II. mit dem Bau des Domes zu Speyer begonnen; die Altarweihe fand 1061 statt. Heinrich IV. ließ die Kathedrale ab 1083 durch seine Baumeister Benno (Bischof von Osnabrück, gest. 1088) und Otto (seit 1102 Bischof von Bamberg, gest. 1139) umbauen.

Die Bischöfe von Speyer gehörten in den Auseinandersetzungen zwischen Kaiser und Papsttum im Investiturstreit zu den engsten und zuverlässigsten Gefolgsleuten der Kaiser Heinrich IV. und Heinrich V.

Man hat seitens der Forschung vermutet, dass Heinrich vor seinem Aufbruch in Speyer ein Gelübde abgelegt habe, den noch nicht lange fertiggestellten Speyerer Dom nach der Aussöhnung mit dem Papst neu und großartiger auszubauen und auf diese Weise sinnbildhaft seinen Beitrag zu leisten im Ringen um die rechte Ordnung in der Welt. Der Kaiser wollte so seinen Glauben beweisen und zeigen, dass er nicht der »Antichrist«, der »Diener Satans« sei, als den ihn die feindliche Propaganda bezeichnete. Dies belegen zahlreiche Schenkungsurkunden, in denen Heinrich der Speyerer Bischofskirche und den drei salischen Hausklöstern Limburg, Lambrecht und Hornbach reiche Güter vermachte.

Bischof Bruno (Bf. 1107–1123), auch Kanzler Heinrichs V., nahm an den Verhandlungen mit Papst Calixt II. teil, die zum Wormser Konkordat von 1122 führten. Die Streitigkeiten zwischen Kaiser und Papst waren damit vorläufig beendet.

Die Speyerer Bischöfe waren und blieben im Investiturstreit treu ergebene Anhänger des Kaisers Heinrich IV. Die Bischöfe Rüdiger Huzmann und Johannes I. (Bf. 1090–1104) lebten und starben im Bann. In ihrem Bistum befand sich aber auch das um 850 entstandene und 1049 neu gegründete Reformkloster Hirsau im Schwarzwald, das im 11. Jahrhundert zu den Hauptstützen der Reformbewegung von Cluny gehörte und gegen Heinrich IV. Partei nahm. Die Cluniazensische Reform – sie richtete sich vor allem gegen die Verweltlichung des Klosterlebens – verbreitete sich von Hirsau aus in Deutschland.

7.1.4 Speyer wird salisches »Hausbistum«

Nachdem das Geschlecht der Salier durch Konrad II. (1024) zur Königsmacht gelangt war, begann die gezielte und großzügige Förderung von Bistum und Stadt Speyer im Rahmen der salischen Hausmacht- und Königsgutpolitik. Aus dem bislang eher unbedeutenden Speyerer Bistum wurde ein salisches »Hausbistum«.

In der Zeit des Investiturstreites regierten vier Bischöfe in Speyer: Rüdiger Huzmann (Bf. 1074–1090), Johannes Graf im Kraichgau (Bf. 1090–1104), Gebehard Graf von Urach (Bf. 1105–1107) und Bruno Graf von Saarbrücken (Bf. 1107–1123). Der

Pontifikat der beiden zuerst genannten Bischöfe fällt in die Zeit der schärfsten Spannungen zwischen Kirche und Staat. Die erste und zugleich interessanteste Bischofsgestalt ist Rüdiger Huzmann.

7.1.5 Rüdiger Huzmann

* unbekannt
† 22. Februar 1090 in Speyer
Begräbnis im Dom zu Speyer

Domherr in Speyer
1074 Bischof von Speyer

Rüdiger Huzmann war Kanoniker an der Speyerer Domkirche und leitete etwa zehn Jahre die Domschule. Er gehörte vermutlich einer den Saliern nahestehenden Familie an. Vor seiner Erhebung zum Bischof war Huzmann neben seiner Funktion an der Speyerer Domschule Mitglied des Domkapitels und dessen Sekretär. In seiner Eigenschaft als Domscholaster war er auch Visitator der in Stadt und Bistum Speyer gelegenen Schulen. Er war also mit den Speyerer Verhältnissen gut vertraut und durch seine zahlreichen Funktionen Heinrich IV. wohlbekannt.

Am 26. Februar 1075 starb Bischof Heinrich von Speyer, ein Jugendfreund Heinrichs IV. Sein Nachfolger wurde Huzmann oder, wie die Quellen ihn nannten, *Huozemannus*. Diese Neubesetzung ist insofern beachtenswert, als sie unmittelbar vor dem Ausbruch des Investiturstreites erfolgte und in eine Zeit fiel, in der der Kampf gegen die Laieninvestitur bereits begonnen hatte. Um die Einsetzung Huzmanns zum Bischof recht beurteilen zu können, muss man die Praxis der kirchlichen Stellenbesetzung und den Stand der Investiturfrage unmittelbar vor Ausbruch des Investiturstreites betrachten. Die deutschen Herrscher übertrugen allen Bischöfen, die sie direkt ernannt hatten, sowie denen, die in einem kanonischen Wahlverfahren gewählt waren, durch den Akt der Investitur das Bischofsamt mit allen weltlichen und geistlichen Vollmachten. Die nachträgliche Weihe durch den zuständigen Erzbischof war rechtlich ohne Belang. Auf Seiten der kirchlichen Reformpartei gab es eine radikale Richtung unter Führung des Kardinals Humbert von Silva Candida, die den Laien, also auch dem König, jegliches Verfügungsrecht über Bischofsamt und Bischofsgut absprach und ihnen nur ein Konsensrecht, das Recht einer nachträglichen Zustimmung, beließ.

Die gemäßigte Richtung ließ die Frage nach dem Kirchenvermögen offen und gestattete die Investitur, wenn eine kanonische Wahl durch Klerus und Volk vorausgegangen war. In diesem Sinne verfuhr auch zunächst Gregor VII. Eine Einigung mit Heinrich IV. konnte nicht erzielt werden. Dies zeigt deutlich die Besetzung des Erzbistums Mailand, wo Heinrich IV. dem kanonisch gewählten und vom Papst bestätigten Atto gegenüber eigenmächtig einen Gottfried ernannte und ihn mit Ring und Stab investierte. Das letzte Mittel gegen diese Investiturpraxis Heinrichs IV. war das Investiturverbot der römischen Fastensynode 1075, das dem König ausdrücklich die Investitur für Bistümer und Abteien untersagte. Dadurch wollte der Papst zunächst die freie kanonische Wahl der Bischöfe sichern und war dann bereit, auch dem König einen Anteil bei der Besetzung der Bistümer einzuräumen.

Vor diesem Hintergrund geschah die Besetzung des Speyerer Bischofsstuhls 1075. Die zeitgenössischen Quellen reden nur in allgemeinen Wendungen vom Bischofswechsel und bringen keine detaillierten Nachrichten über die einzelnen Vorgänge. Deshalb lässt sich der wirkliche Hergang der Dinge nur aus der konkreten Situation des Jahres 1075 rekonstruieren. Trotz des ausdrücklichen Investiturverbotes besetzte Heinrich IV. in der bisher gewohnten Weise Lüttich, Bamberg, Fulda und Lorsch.

Dass er bei der *specialis nostra ecclesia*, der ihm besonders treuen Speyerer Kirche, anders verfahren wäre, ist ausgeschlossen. Heinrich IV. hat Huzmann wohl ernannt oder in günstigstem Fall ihn in einer Scheinwahl wählen lassen. Dann übertrug er ihm mit Ring und Stab das Speyerer Bischofsamt. Noch am 19. März 1078 warf Gregor VII. Bischof Huzmann vor, er habe entgegen der Anordnung des Apostolischen Stuhles den Bischofsstab aus der Hand des Königs empfangen. Wahrscheinlich erhielt Huzmann sein Bistum an Ostern oder Pfingsten 1075, wo Heinrich IV. zu Worms weilte. Huzmann leistete dem König, dem großen Wohltäter seiner Bischofskirche, den Eid der Treue und Gefolgschaft.

Als Reichsbischof, vom deutschen König investiert, als Inhaber des »salischen Familienbistums«, als Hüter der sterblichen Überreste der salischen Kaiser wurde Huzmann vollständig auf die Seite Heinrichs IV. gedrängt. Er gehörte zu den ausgesprochenen Parteigängern Heinrichs IV. Dem Papst stand er zeitlebens ablehnend, gar feindlich gegenüber. Bei allen wichtigen Begebenheiten im Kampf zwischen Gregor VII. und Heinrich IV. war er an der Seite des Königs zu finden. Er unterschrieb am 26. Januar 1076 das Absageschreiben der deutschen Bischöfe an den Papst.

Obwohl er erst ein Jahr Bischof war, schickte ihn Heinrich IV. mit dem Bischof Burchard von Lausanne nach Oberitalien. Es gelang ihm, auf einer Versammlung der lombardischen Bischöfe in Piacenza fast alle auf die Seite Heinrichs IV. zu ziehen. Jedoch traute er sich nicht, nach Rom zu gehen und persönlich die Absetzungsschreiben dem Papst zu überbringen. Er zog es vor, dies einem italienischen Geistlichen namens Roland zu überlassen und selbst in der Lombardei Stimmung gegen Gregor VII. zu machen. Der Gegenschlag Gregors VII., die Bannung und Absetzung Heinrichs IV., sind bekannt.

Gegen die deutschen Bischöfe wandte der Papst eine andere Taktik an. Die Bischöfe, die wohl nur gezwungenermaßen ihre Unterschrift gegeben hatten, sollten bis 1. August 1076 die Möglichkeit haben, dem Papst Genugtuung zu leisten. Erst wenn sie diese Frist verstreichen ließen, träfe auch sie Bann und Absetzung. Huzmann ließ diese Frist verstreichen und unternahm nicht, wie manche andere Bischöfe, den Versuch, sich mit dem Papst auszusöhnen. Er blieb an der Seite Heinrichs IV., obwohl er dadurch nach den kirchenrechtlichen Anschauungen dieser Zeit sich durch den Umgang mit dem Gebannten selbst den Bann zuzog.

Erst als Heinrich IV. nach den Verhandlungen zu Tribur-Oppenheim gezwungen war, seine engsten Ratgeber zu entlassen, veranlasste er Huzmann nach Rom zu gehen und sich dort vom Papst vom Bann lösen zu lassen. Gregor ließ aber den Speyerer Bischof nicht zurückkehren, sondern wies ihn zur Buße in ein Kloster ein. Erst auf Bitten der Kaiserin Bertha wurde er später entlassen. Der Papst traute dem Speyerer Bischof nicht sonderlich. Er blieb noch einige Zeit vom Bischofsamt suspendiert.

Auch in der zweiten Phase des Kampfes zwischen Gregor VII. und Heinrich IV. von 1080 an zeigte Huzmann eine absolut königstreue Haltung. Dem zweiten Bann durch Gregor VII. folgte am Pfingstfest 1080 zu Mainz die zweite Absetzung Gregors VII. durch Heinrich IV. und die Neuwahl des Gegenpapstes Clemens III. Huzmann war dabei; auch dieses Mal übernahm Huzmann die Aufgabe, die Großen der Lombardei zu gewinnen und Stimmung für den Gegenpapst zu machen.

Huzmann verfasste ein politisches Manifest in Form eines öffentlichen Briefes an alle Erzbischöfe, Bischöfe, Markgrafen, Grafen, an alle höheren und niederen Standes der Lombardei. Er gab darin zunächst einen kurzen Bericht über die Beratungen zu Mainz, dass Hildebrand beseitigt und ein anderer, würdigerer auf den päpstlichen Stuhl erhoben werden sollte. In hasserfüllten Worten wandte sich Huzmann gegen Gregor VII. als »den Erschleicher des Apostolischen Stuhles, den fluchwürdigen Zerstörer göttlicher und menschlicher Gesetze, dem Haupt der verderblichen Schlange, die mit ihrem giftigen Hauch alles hervorgerufen hat«. Zum Schluss erwähnt er die schwankende Haltung mancher Bischöfe, die sich später vom Papst lossprechen ließen. Wörtlich schreibt er:[12]

> Vor der Durchführung dieser Sache möget ihr nicht zurückschrecken, weil wir früher in einer ähnlichen Angelegenheit für uns den sicheren Hafen gesucht haben, während wir euch gefahrvollen Stürmen überließen. Leichter wird der Hand des Herkules die Keule entrissen, als dass wir, wenn uns das Leben erhalten bleibt, in dem gegenwärtigen Kampfe von euch weggerissen werden.

Hass und Kampfgeist spricht aus dieser persönlichen Botschaft Huzmanns an die Lombardei. Zweifellos hat Heinrich IV. diesen Brief inspiriert. Gegenüber der päpstlichen Propaganda setzte nun auch Heinrich IV. alle Mittel der Publizistik ein, um durch Flug- und Streitschriften die öffentliche Meinung zu beeinflussen. Gleichzeitig erließen Erzbischof Egilbert von Trier und Bischof Dietrich von Verdun je ein öffentliches Manifest. Diese drei öffentlichen Briefe waren nach einem einheitlichen Plan angelegt.

So erwies sich Huzmann auch in dieser Hinsicht als treuer Diener seines Herrn. Er begleitete Heinrich IV. auf seinem Kriegszug gegen die Sachsen 1080. Bei den Verhandlungen mit den Sachsen 1081 gehörte er zu den fünf Vertrauensmännern des Königs. Bei den folgenden Italienzügen wird Huzmann nie erwähnt, ebenso nicht bei der Inthronisation des Gegenpapstes und der von diesem vorgenommenen Kaiserkrönung in Rom. Doch blieben die Beziehungen zwischen dem Speyerer Bischof und dem Kaiser die gleichen. Denn der päpstliche Legat Otto von Ostia verhängte 1085 auf der Synode zu Quedlinburg den Bann über Huzmann.

Auch dieses Mal nutzte Huzmann nicht die Gelegenheit, sich durch den päpstlichen Legaten, Bischof Altmann von Passau, lossprechen zu lassen. Die Bannung hatte keine prak-

12 Epistola Heinrici Spirensis. In: Giovanni Domenico Mansi: Sanctorum conciliorum et decretorum nova, et amplissima collectio. Tom. XX, Venedig 1775, S. 543–545, vgl. http://babel.hathitrust.org/cgi/pt?id=njp.32101078252143;view=1up;seq=9;size=125. (Abruf am 10. 3. 2015).

tischen Folgen. Denn in Speyer, das den Saliern ergeben war, hatte er keinen Widerstand zu befürchten. Er übte weiterhin sein Amt aus. Nie wurde hier der Versuch gemacht, wie z. B. in Worms, dem königlichen Bischof einen päpstlichen Bischof gegenüberzustellen.

Auch bei den Verhandlungen beider Parteien in Speyer 1087 und 1090 war Huzmann dabei. Seine Treue fand ihren Lohn in einer Reihe von bedeutsamen Schenkungen Heinrichs IV. Besonders im Jahr 1086 überschüttete Heinrich IV. geradezu die geliebte Speyerer Kirche und ihren Bischof mit Schenkungen an liegenden Gütern, Eigenkirchen und Grafschaften. Dadurch wurde Huzmann noch mehr an Heinrich IV. gebunden.

Die Übertragung der Grafschaften Forchheim und Lutramsforst war ein wichtiges Glied in der Entwicklung der bischöflichen Macht zur Landesherrschaft. Doch waren diese Schenkungen nicht nur königliche Gunsterweise. Da Heinrich IV. mehr als seine Vorgänger auch die Servitialpflicht (*servicium regis* = Reichsdienst) des Speyerer Bischofs ausnutzte, musste er umso mehr auch dessen wirtschaftliche und politische Macht stärken. In Speyer wurde eine Entwicklung nachgeholt, die bei anderen Bischofsstädten zum Teil schon abgeschlossen war.

Huzmanns Haltung ergibt sich aus der engen Beziehung Heinrichs IV. zu Speyer. Mit der Erhebung zum Bischof von Speyer war Huzmann die Bahn vorgezeichnet. Er stand eben mehr unter dem Einfluss des ihm nahestehenden Königs als dem des ferne residierenden Papstes, den er in seinem Parteihass mehr als einen Revolutionär gegenüber der bisher geltenden Ordnung betrachtete. Persönlich wurde ihm nie etwas vorgeworfen. Durch seine Freigebigkeit gegen das von den Saliern gegründete St. Johannesstift, das spätere St. Guidostift, hat er sich in Speyer ein ehrendes Andenken gesichert. So spiegelt sich auch in seinem Leben die Tragik so mancher Reichsbischöfe der damaligen Zeit. Wie sein Herr, so starb auch er im Bann.

Auf Huzmann folgte auf dem Speyerer Bischofsstuhl der bisherige Archidiakon von Sinsheim, Johannes Graf im Kraichgau. Bischof Johannes stammt väterlicherseits aus einem alteingesessenen Geschlecht der Wolfram-Zeizolf, von dem verschiedene Mitglieder den Saliern als Untergrafen gedient hatten. Die Mutter Azela war wahrscheinlich eine Halbschwester Heinrichs IV.

Damit griff Heinrich IV. eine vielfach geübte Praxis wieder auf: Nach neueren Untersuchungen waren in der Zeit von Otto I. bis Heinrich V. 50 Bischöfe mit dem Herrscherhaus verwandt und damit ungefähr jeder zwölfte Bischof ein Verwandter der herrschenden Dynastie. Entsprechend der Gepflogenheit, die Bischofskandidaten aus der königlichen Hofkapelle oder einem weltlichen Stift zu wählen, griff Heinrich IV. in der Person des Bischof Johannes auf einen Weltgeistlichen zurück. Die Tradition der Wolframschen Familie wies den neuen Bischof an die Seite des Königs. Es ist zu erahnen, dass Heinrich IV. an ihm eine treue Stütze zu finden hoffte.

Die Besetzung der Bistümer im Investiturstreit lässt den jeweiligen Stand der Investiturfrage und die tatsächlichen kirchenpolitischen Machtverhältnisse erkennen. Darum ist die Besetzung des Speyerer Bischofsstuhls im Jahr 1090 auch nur im Zusammenhang mit der allgemeinen Entwicklung zu erklären, da auch hier die Quellen keine genauen Angaben machen.

Kirchlicherseits bewegte man sich um 1090 noch in den Bahnen Gregors VII. Man verlangte kanonische Wahl. Dann sollten dem Gewählten bei der Weihe durch den Metropoliten das Kirchenamt und die speziellen Kirchengüter mit Ring und Stab übergeben werden. Nach der Weihe konnte durch den König die weltliche Investitur und die Leistung von Treueid und Mannschaft durch den belehnten Bischof erfolgen.

Gegenüber der kirchlichen Gesetzgebung ging jedoch Heinrich IV. nach wie vor den alten Weg der eigenmächtigen

Ernennung der Bischöfe und der kirchlicherseits verbotenen Laieninvestitur. Die von päpstlicher Seite aufgestellten Bischöfe erkannte er nicht an, sondern schritt zur Aufstellung kaiserlicher Gegenbischöfe wie in Augsburg, Würzburg, Worms und Metz. Kirchenpolitisch hatte Heinrich IV. um diese Zeit eine günstige Stellung errungen. Der ganze Mittel- und Oberrhein, Köln, Mainz, Worms, Speyer, Straßburg und Basel waren in seiner Hand. So ergibt sich von selbst, dass Heinrich IV. auch Speyer eigenmächtig besetzte.

Heinrich IV. setzte Johannes zum Bischof ein, wie die Speyerer Annalen sagen. Er erteilte Johannes auch die Investitur mit Ring und Stab und übertrug ihm damit nicht nur die weltlichen Hoheitsrechte, sondern auch das bischöfliche Amt. Für den Kaiser aber bedeutete die Erhebung des jungen Kraichgaugrafen eine weitere Sicherung seiner Herrschaft am Oberrhein.

7.1.6 Johannes Graf im Kraichgau

* 1063
† 26. Oktober 1104
Begräbnis in der Stiftskirche Sinsheim

7. März 1090 Bischof von Speyer

Eltern: Wolfram & Azela; Familie der Grafen von Zeizolf-Wolfram

Das vorliegende Quellenmaterial über Bischof Johannes ist recht spärlich. Es sind gelegentliche Notizen, die von dem Aufenthalt des Bischofs bei Heinrich IV. berichten, sowie verschiedene Urkunden, die den Bischof teils als Aussteller von Urkunden zeigen, teils als Empfänger kaiserlicher Schenkungen oder als Zeugen. Nach außen trat Bischof Johannes im Gegensatz zu Huzmann fast nicht hervor. Er war eine mehr fromme, dem Kampf abholde Natur. Doch kann im Zusammenhang mit dem allgemeinen Zeitgeschehen ein klares Bild von seiner Haltung entworfen werden.

Als Heinrich IV. 1090 nach Italien zog, blieb Johannes in Speyer. Die Unruhen in Lothringen, die Widerstände im Elsass und in Hirsau veranlassten ihn wohl, als Stütze des Kaisers am Oberrhein noch auszuharren. 1091 zog er mit seinem Aufgebot Heinrich IV. nach und befand sich noch im selben Jahr in der kaiserlichen Umgebung in Verona. Als Heinrich IV. den größten Teil seines Heeres entließ, kehrte auch Johannes in die Heimat zurück.

Für die nächsten Jahre kann das Verhältnis zwischen Bischof und Kaiser nicht weiterverfolgt werden, da die Quellen schweigen. Die Haltung des Speyerer Bischofs dem Papst gegenüber ist aber aus der päpstlichen Politik gegen den deutschen Episkopat und aus der kurialen Gesetzgebung in etwa erkennbar. Nach dem Stand der kirchlichen Gesetzgebung war die Verleihung des Speyerer Bistums ungültig und mit kirchlichen Strafen belegt. Dass Johannes aus der Hand des gebannten Kaisers den Bischofsstab annahm, zeugte von seiner antipäpstlichen Haltung. Trotzdem wurde er nicht wie Huzmann nach Rom zitiert. Er wurde auch nicht wie sein Vorgänger exkommuniziert, obwohl auch er ein ständiger Parteigänger des Kaisers war.

Diese unterschiedliche Behandlung war eine Folge der veränderten Taktik der römischen Kurie. Das allgemeine Verkehrsverbot mit Gebannten wurde nicht mehr aufrechterhalten. Papst Urban II. erklärte nur diejenigen als exkommuniziert, die den Kaiser mit Rat und Tat unterstützt hatten. Demnach muss Bischof Johannes allerdings als exkommuniziert gelten, da Heinrich IV. in einer Urkunde die treuen Dienste des jungen Speyerer Bischofs ausdrücklich erwähnt. Dagegen wurde seine Bischofsweihe anerkannt, da nur die simonistischen Weihen als ungültig erklärt wurden.

Denn es ist kaum anzunehmen, dass Bischof Johannes, dessen Frömmigkeit und Wohltätigkeit gegen die Armen gepriesen wurde, sich des zweifelhaften Mittels der Simonie bedient hatte. Johannes ging aber nie auf die päpstliche Seite, wie manche seiner Mitbrüder. Er suchte auch keine Verbindung zu dem päpstlichen Vertrauensmann, Bischof Gebhard von Konstanz. Er folgte auch nicht dessen Einladung zur Synode in Konstanz 1094. Johannes lehnte offensichtlich die Aussöhnung mit dem Papst ab.

So gehörte auch er zu den Bischöfen, die auf der Synode zu Piacenza 1095 als »die Bannerträger des Antichrist und Lasttiere Satans« der Bannstrahl des Papstes traf. Doch hat Bischof Johannes sich nie direkt am Kampf gegen den Papst beteiligt. Nicht der Hass trieb ihn, wie Huzmann, in das antipäpstliche Lager, sondern seine enge Verbindung zu Heinrich IV. brachte ihn ohne Weiteres auch in Gegensatz zum Oberhaupt der Kirche.

Als im Gefolge des ersten Kreuzzuges schwere Verfolgungen über die Juden hereinbrachen, erließ Heinrich IV. von Italien aus Schutzbriefe für die Juden an die Großen des Reiches. Die bischöflichen Stadtherren von Speyer, Worms, Mainz, Köln und Trier suchten daraufhin die Juden gegen die Kreuzfahrer oder die fanatisierten Bürger zu schützen. Aber nur dem Speyerer Bischof gelang es, die Ausschreitungen gegen die Juden wirksam zu unterbinden und, wie die hebräische Quelle eigens betont, ohne Bestechung durch den jüdischen Vorsteher Moses ben Jekutiel. Damit handelte Johannes ganz im Sinn Heinrichs IV., und als einziger der rheinischen Bischöfe war er nicht nur willens, sondern aufgrund seines Verhältnisses zu den Bürgern und wohl auch aufgrund seiner Stellung als Neffe des Königs in der Lage, die Juden der Stadt zu schützen.

Bei dieser Gelegenheit wird auch mitgeteilt, dass König und Bischof gemeinsam die Königspfalz benutzten. Auch die Madenburg, eine Vorburg des Trifels, wird als *castrum regis et episcopi* bezeichnet. So nimmt es nicht wunder, dass sich Heinrich IV. nach der Rückkehr aus Italien nach Speyer begab. Für die folgenden Jahre ist urkundlich belegt, dass Bischof Johannes wiederholt in der Umgebung Heinrichs IV. weilte.

Auch unter dem neuen Papst Paschalis II. (reg. 1099–1118) suchte Johannes keine Aussöhnung mit der Kurie, die ihn nie als rechtmäßigen Bischof anerkannt hat. Doch war dies praktisch ohne Bedeutung. Denn Speyer war zu eng mit dem Herrscherhaus verbunden, als dass es zur Aufstellung eines Gegenbischofs hätte kommen können. Der salische Kaiser war immerhin der größte Wohltäter des Speyerer Domes, der unter Johannes seinen großen Umbau durchmachte. Der Speyerer Klerus erfreute sich des kaiserlichen Wohlwollens. Im Dom und seinen Gräbern verkörperte sich im Bewusstsein des Volkes die lebendige Erinnerung an die alte Kaisermacht. So musste Johannes als treuer Anhänger des gebannten Herrschers keinen Widerstand befürchten.

Die enge Verbindung zwischen Heinrich IV. und Bischof Johannes zeigte sich auch auf einem anderen kirchenpolitischen Gebiet, der Klosterpolitik. Außer den alten Reichsklöstern Klingenmünster und Weißenburg gab es noch eine Reihe von Klöstern, die durch Tradition zu Eigenklöstern des Bischofs geworden waren.

Zu diesen gehören die ursprünglich salischen Eigenklöster Hornbach und St. Lambrecht, dann Schwarzach, Limburg an der Haardt, die Propstei Naumburg in der Wetterau, das Stift Kaufungen. Unter Bischof Johannes kamen hinzu 1100 das von ihm selbst gegründete Sinsheim sowie 1103 das Augustinerchorherrenstift Hördt.

Da die Klöster in dem kirchenpolitischen Spiel eine nicht zu unterschätzende Rolle einnahmen, suchte sich Bischof Johannes im Interesse Heinrichs IV. seinen Einfluss zu sichern. Durch eine Reihe von Verfügungen kam er den Forderungen der Reformpartei entgegen, so bezüglich der freien Wahl des Klostervorstehers und dem Ausschluss des Gründergeschlechts von der Vogtei. Er nahm aber als Bischof auf verschiedenen Wegen Einfluss auf die Besetzung der Vogteien.

Wie Bischof Huzmann starb auch Bischof Johannes im Bann. Persönlich fromm, wohltätig und von makellosem Lebenswandel, wurde er durch seine Stellung in das Lager Heinrichs IV. getrieben.

Diese beiden Bischöfe sind nur Beispiele für viele andere, die in den Konflikt zwischen Treue zur Kirche, Gefolgschaft zum angestammten Herrscherhaus und fürstlichen Partikularismus gestellt, sich nicht über den Parteien zu halten vermochten, sondern in den Kampf hineingerissen wurden. Es war ihnen nicht möglich, wie Benno von Osnabrück kaisertreu *(semper regi fidelis)* und dem Papst gehorsam zu sein oder wie Otto von Bamberg der *fidelis minister* des Kaisers zu sein und gleichzeitig in Rom *familiaris* des Apostolischen Stuhles.

Die Bischöfe Huzmann und Johannes von Kraichgau waren letzten Endes nur Schachfiguren in dem Ringen zwischen dem Reformpapsttum und dem abendländisch-christlichen Herrschertum.

7.1.7 Unter Heinrich V.

Zu Beginn des 12. Jahrhunderts begannen die Fürsten in Opposition zum Kaiser ihre Territorien zu erweitern. Heinrich V. versuchte daher mit Hilfe der Reichsministerialen dem Königtum am Oberrhein eine starke Stellung zu verschaffen. Auch die Begünstigung der Städte durch Privilegien stärkte seine Macht. Am 14. August 1111, eine Woche nach der feierlichen Beisetzung Heinrichs IV., verlieh Heinrich V. den Bürgern von Speyer bedeutende Freiheitsrechte, die mit goldenen Buchstaben, um des Kaisers Bild angeordnet, an der Stirnseite des Domes angebracht wurden. Für Speyer leitete die Privilegienverleihung Heinrichs V. den Beginn der Entwicklung zur freien Reichsstadt ein.

Mit dem Tod Heinrichs V. war das Zeitalter der Salier zu Ende. Eine neue Epoche zog herauf.

7.2 *Dombau in Speyer – die salische Grablege*

Konrad II., römischer König, genannt der Salier, erster fränkischer König, regierte 15 Jahre. Zur Frau hatte er Gisela, die ihre Abstammung auf das alte, ruhmreiche Geschlecht Karls des Großen zurückführte. Mit Gisela hatte Konrad auch den Erben Heinrich, den sie in hohem Alter bekommen hatten, wie es lange zuvor der Mainzer Erzbischof Bartho vorausgesagt hatte. Dieser ließ in der Stadt Speyer jene alte Basilika, die zu Ehren des hl. Papstes und Märtyrers Stephanus errichtet worden war, bis auf die Grundmauern niederreißen und am selben Ort eine neue von wunderbarer Größe, Macht und Schönheit, die bis zu unserer Zeit steht, von Grund auf errichten zu Ehren der hl. Gottesmutter Maria und des hl. Papstes und Märtyrers Stephanus, im Jahr 1030.

Am Fest der hl. Jungfrau Margarethe [12. Juli] setzte Konrad den Grundstein zur Errichtung des Klosters Limburg [bei Dürkheim]. Von dort ging er nüchtern nach Speyer, wo er die Grundsteine zum bereits beschriebenen Dom und zum Stift des hl. Johannes des Täufers legte, welches später [1047] nach dem hl. Guido benannt wurde. Obwohl er die Fertigstellung dieser Bauwerke, weil er zuvor starb, nicht mehr erlebte, hinterließ er sie seinen Nachkommen als Beispiel, wodurch ermahnt, diese sein Unternehmen vollendeten und [reich] ausstatteten. Eben dieser Konrad II. setzte fest, dass auch die übrigen römischen Kaiser und Könige, die diesseits der Alpen sterben würden, in der Kirche, die er in seiner Stadt Speyer gegründet und reich begabt hatte, bestattet werden sollten, wie er sie auch selbst als erster ausfüllte. Denn am Pfingstfest 1039 [3. Juni], das er in Utrecht feierte, erkrankt, beendete er im 15. Jahr seines Königtums und im 9. Jahr seines Kaisertums seinen letzten Tag, und während seine Eingeweide ebendort bestattet wurden, wurde sein Leichnam nach Speyer überführt und im Königschor des Domes bestattet [wo neben ihm später seine Frau beigesetzt wurde], unter dem dritten Marmorstein, auf welchem folgende Inschrift angebracht wurde: ANNO DOMINICE INCARNATIONIS MXXXIX CONRADUS SECUNDUS IMPERATOR II. NONAS IVLII OBIIT.

So beschreibt Johann Seyfried von Mutterstadt idealisierend die Gründung des heutigen Speyerer Domes. Mit dem Bau dieser mächtigen Kirche wollten die Salier ihren Herrschaftsanspruch unterstreichen. Unter den Städten im traditionellen salischen Herrschaftsbereich eignete sich Speyer dafür am meisten. »Alle Welt sollte in Ehrfurcht erstaunen und begreifen, dass der Salier mit seiner Speyerer Kirche und mit ihrer Schutzpatronin Maria eine ganz eigene Verbindung zu Gott besitze«, schreibt Stefan Weinfurter, einer der besten Kenner der Salierzeit. Möglicherweise waren Konrad und seine Gemahlin Gisela in dem Entschluss, einen neuen Dom errichten zu wollen, durch den Zug nach Italien und die 1027 in Rom vollzogene Kaiserkrönung bestärkt worden. Der alte merowingische bzw. karolingische Dom wurde abgerissen, um einem neuen, prächtigeren Bau Platz zu machen.

Eine Stärkung von Stadtausbau und Handel stellte die Urkunde dar, die Konrad am 14. Juli 1025 in Speyer und für Speyer erließ: Bischof Walther bestätigte er die Freilassung einiger Höriger im Tausch gegen andere Personen, die nun deren Dienste übernahmen. Drei weitere Urkunden stellte Konrad zwar nicht in Speyer, aber für Speyer aus: Am 11. September 1024 erfüllte er sein Wahlgelübde und schenkte der Kirche von Speyer eine Besitzung zu Jöhlingen, am 20. Februar 1032 stellte er in der Abtei Limburg dieselbe unter den Schutz der Kirche von Speyer und am 19. Oktober 1027 bestätigte er in Tribur die Immunität der Speyerer Kirche.

Konrads Ziel, den größten Dombau des christlichen Abendlandes in seinem Herrschaftsbereich erstellen zu lassen, ließ sich zu seinen Lebzeiten noch nicht verwirklichen; er wurde ebenso wie seine Gemahlin Gisela und sein Sohn Heinrich III. im unvollendeten Gotteshaus beigesetzt. Erst Heinrich IV. erlebte 1061 die Weihe des Domes zu Ehren Mariens und des heiligen Papstes Stephanus, dessen Haupt als bedeutendste Reliquie im Dom verwahrt wird.

Die Geschichte des Speyerer Domes steht in enger Beziehung zu der Geschichte des mittelalterlichen Heiligen Römischen Reiches und seines Kaisertums. Die geistesgeschichtliche Voraussetzung für den Dombau bildet der im Religiösen wurzelnde Kaisergedanke. Als Kaiser Heinrich IV. während des Investiturstreites gebannt wurde und um die Jahreswende 1076/77 nach Canossa zu Papst Gregor VII. aufbrechen musste, um ihn um die Aufhebung des Kirchenbanns zu bitten, traf dies die sakrale Bedeutung des Kaisertums und damit auch dessen Macht empfindlich.

Wenn ein Zeitgenosse schrieb, der ganze Erdkreis erzitterte, als die Kunde vom Bann des Königs ins Volk drang, so wird das Ungeheuerliche dieses Vorgangs spürbar. Denn bisher galt auch der König als gottgeweihte Person. Die alte Ordnung war aufgelöst. Als wäre der Dom selbst von diesen Ereignissen betroffen, als sei er in seinen Grundfesten erschüttert worden, nahm Heinrich IV. zu Beginn der achtziger Jahre des 11. Jahrhunderts einen großen Umbau vor, der in den östlichen Teilen oberhalb der Krypta weitgehend einem Neubau gleichkam: Das Mittelschiff wurde kreuzgrad gewölbt, dem Außenbau wurden die Zwerggalerien eingefügt und die Türme reich gegliedert hochgeführt. Um 1106 waren diese Baumaßnahmen wohl abgeschlossen; sie fielen in die Zeit der heftigsten Auseinandersetzungen zwischen Kaiser und Papst. Nach seiner Vollendung war der Dom das damals größte Bauwerk des Abendlandes – 134 Meter lang, im Mittelschiff 34 Meter hoch.

Der unbekannte Verfasser der Heinrichs-Vita nennt den Dom eine Kirche, »die mehr als alle Werke der alten Könige Lob und Bewunderung verdient« (Kap. 1). Und der Kunsthistoriker Herbert Dellwing, urteilt:[13] »In den Auseinandersetzungen zwischen Kaiser und Papst … wuchs [diese Kirche] … als Repräsentationsbau des römisch-deutschen Kaisertums zur größten und bedeutendsten Domkirche ihrer Epoche empor. Ihre Bedeutung als Haus- und Grabeskirche der salischen Kaiser, als Symbol ihres weltlichen und kirchlichen Machtanspruchs hat ihre architektonisch einmalige

---

13 Herbert Dellwing (Bearb.): Kulturdenkmäler in Rheinland-Pfalz I: Stadt Speyer. Hrsg. im Auftrag des Kultusministers vom Landesamt für Denkmalpflege. Düsseldorf 1985, S. 38.

und zukunftsweisende, aber nie wieder erreichte Form und Größe motiviert.«

Heinrich IV. sorgte für die wirtschaftliche Sicherstellung des Domes, vermehrte die Pfründen am Dom und zeigte bei vielen Gelegenheiten den Domherren sein Wohlwollen. Der Kaiser förderte auch die Speyerer Domschule, die nach einem zeitgenössischen Bericht den berühmten Schulen in Paris, Metz und Bamberg an Bedeutung nicht nachstand.

Seit der Regierungszeit Kaiser Heinrichs III., also mit dem Beginn der vierziger Jahre des 11. Jahrhunderts, lassen sich auch persönliche Bindungen einzelner salischer Herrscher zur Speyerer Domkirche und deren Bischöfen nachweisen. Doch waren die Beziehungen Heinrichs III. zu Speyer in den späteren Jahren getrübt durch ein Zerwürfnis mit dem Speyerer Bischof Sigibodo II. (Bf. 1038–1051), der wohl nicht den strengen Anforderungen des Kaisers entsprach. Möglicherweise waren auch Unstimmigkeiten über den Fortgang der Arbeiten am Dom Ursache für die Kontroverse.

Es ist auffallend, dass der Kaiser an den Bischof keine Schenkungen gemacht und nichts zur Vergrößerung des bischöflichen Besitzes beigetragen hat. Seine ganze Liebe galt dem Dom und seinen Kanonikern sowie den väterlichen Stiftungen Limburg und Johannesstift. Dieses Wohlwollen ist umso mehr zu schätzen, da Heinrich III. zur Dotierung nicht Reichsgut, sondern zum allergrößten Teil Eigengut der salischen Dynastie verwendete. Unter Heinrich erhielt der Dom seine spätere Länge von 134 Metern. Die Grablege wollte Heinrich III. so weit ausdehnen lassen, dass sie noch Jahrhunderte für die Bestattung von Herrschern gereicht hätte – Pläne, die später zurückgenommen wurden.

Die Bedeutung von Speyer und seines Domes, vor allem für Heinrich IV., ist kaum hoch genug einzuschätzen. Stefan Weinfurter schreibt:[14] »Der Speyerer Dom mit seiner Königs-

14 Weinfurter, Herrschaftslegitimation und Königsautorität im Wandel: Die Salier und Speyer. In: ders. (Hrsg.): Die Salier und das Reich. Bd. I: Salier, Adel und Reichsverfassung, S. 55–96, hier S. 95.

grablege wurde wie nie zuvor nicht nur Symbol, sondern auch rettender Halt für die Begründung und den Weiterbestand des salischen Königtums und Kaisertums und ebenso für das Seelenheil Heinrichs IV. Es ist zu erkennen, dass gegenüber der Zeit Heinrichs III. die Bindung zwischen Speyer und den Saliern nun eine weitaus existenziellere Bedeutung für den Herrscher erlangte. Die heftige Verteidigung der sakramentalen Grundlagen des Königtums und des Gedankens der Unabhängigkeit des Königtums von der Vermittlung durch das Priestertum verschaffte Speyer überdies den Charakter einer ganz spezifischen Königskirche, die für sich bereits die Verbindung zwischen Gott und dem Herrscher herstellte.«

Heinrich ließ nach 1077 den ganzen Ostteil des Domes umbauen und vergrößern. Zu den bedeutenden Baumeistern des Domes gehörten Gumbert, der Speyerer Bischof Einhard, Benno von Osnabrück und Otto von Bamberg. Heinrich V. setzte den Dombau nicht mit gleicher Intensität fort. Seine Förderung galt vielmehr der Stadt insgesamt, deren politische Unterstützung für ihn wichtig geworden war und die auch zum Gebet für das Seelenheil der verstorbenen Salier verpflichtet wurde.

Zu den schon 1065 übertragenen Klöstern Limburg und Lambrecht schenkte Heinrich der Domkirche noch Kaufungen, Hornbach, Eschwege, die Propstei Naumburg und Besitzungen am Oberrhein, im Remstal, im Nahegau, in Sachsen und der Gegend um Forchheim.

Die beiden wichtigsten Baumeister des Domes waren die beiden späteren Bischöfe Otto von Bamberg und Benno von Osnabrück. Über Ottos Leistung beim Dombau schreibt der Mönch Herbord von Bamberg:

> Der Kaiser aber (Heinrich IV.), der um das Jahr 1097 mit dem Bau des großartigen und kunstvollen Domes zu Speyer beschäftigt war, beauftragte alle weisen und klugen Architekten, Handwerker, Maurer und andere Künstler seines Reiches und sogar aus anderen Reichen mit dieser Sache und nahm viel Gold, Silber und Geld und endlose

> Kosten auf sich in jedem einzelnen Jahr. Die Baumeister aber brachten teils aus Nachlässigkeit, teils auf den eigenen Vorteil bedacht, den Bau nur langsam voran. Von seinen Getreuen jedoch wegen der Verschwendung dieser Gelder ermahnt, begann der Kaiser, sorgfältiger zu verfahren, und der Treue, Sorgfalt und des Scharfsinns Ottos sicher, überließ er diesem die ganze Angelegenheit, wobei der befahl, dass die Arbeiter wie ihre Meister diesem gehorchen, alles Geld und alle Aufwendungen von ihm erbitten und ihm Rechnung legen sollten. Und was geschah? Man kann kaum sagen, wie viel nun gespart wurde und welch großen Fortschritt der Bau machte. So zeigte sich Otto also in allen Dingen mit Gottes Hilfe brauchbar bei den Höchsten wie bei den Niedrigen, indem er am Königshof wie ein zweiter Joseph für alles Sorge trug.

Als Konrad II. 1039 starb, wurde er am östlichen Ende des Mittelschiffes des Domes bestattet. Nur die mit Eisenbändern umzogene Abdeckung blieb sichtbar. Neben Konrad wurde 1043 seine Gemahlin Gisela und 1056 sein Sohn Heinrich III. bestattet. Seitlich der drei nur knapp den Boden überragenden Steinsärge führten nördlich und südlich Treppen in einen schmalen, ein Joch tiefer liegenden Raum vor der Krypta. Von dort führten drei Eingänge zur eigentlichen Krypta. In den sechziger Jahren des 11. Jahrhunderts wurden – vielleicht auf Anregung der Kaiserinwitwe Agnes – die drei Gräber zu einem Monument zusammengefasst. Die Zugänge links und rechts zur Vorkrypta wurden zugeschüttet. Der Zugang zur Krypta erfolgte, wie heute, durch die Seitenschiffe.

Aufgrund von weiteren Bestattungen in der Königs- und der Bischofsreihe sowie der Ausgestaltung der Gräberzone ist innerhalb von 125 Jahren der heutige Königschor entstanden. Da die Gräber – es war Erdbestattung vorgesehen – von Anfang an dem Blick entzogen waren, kannte man im 19. Jahrhundert nicht mehr ihre genaue Lage. In den Jahren 1900 bis 1906 wurde der Königschor ausgehoben, die Gräber freigelegt und geöffnet. Nachdem die Grabbeigaben entnommen waren und nach feierlicher Wiederbestattung der Toten wurde über den Särgen ein Gewölbe gebaut, sodass die Gräberzone betreten werden kann. In der nördlichen Mauernische ruht der in einen neuen Sarg gebettete Heinrich V. Die Beigaben aus den Königsgräbern sind im Historischen Museum der Pfalz (Domschatzkammer) zu sehen.

7.3 *Entwicklung der Stadt Speyer*

Mit der Wahl Konrads II. 1024 zum König begann eine gezielte und großzügige Förderung des ursprünglich eher ärmeren Bistums und der Stadt Speyer im Rahmen der salischen Hausmacht- und Königsgutpolitik. In der Lebensbeschreibung Bischof Bennos von Osnabrück, der zu den bedeutendsten Baumeistern des Domes gehört, wird der Aufschwung der Stadt Speyer geschildert:

> Damals war die Zeit, da die Stadt Speyer am Rhein durch den frommen Eifer der Kaiser [Konrad II. und Heinrich III.], die nun dort ruhen, zu neuem, kraftvollen Leben erblühte, wie man es heute sieht. Sie war zuvor zur Bedeutungslosigkeit herabgesunken, alt und baufällig geworden und hatte fast schon aufgehört, Bischofsstadt zu sein. Doch diese frommen Kaiser hatten offensichtlich den löblichen Wunsch, da sie mit ihren Mitteln ein neues Bistum im Reich nicht gründen konnten, dieses Bistum, das schon fast kein Bistum mehr war, mit ihrem Vermögen wieder aufzubauen und zu einer Stätte ihres Andenkens zu machen. Damals strömten dort die Kleriker aus allen Teilen des Reiches zusammen; denn die rastlose Sorge des Kaisers, die sich auf alle Gebiete erstreckte, hatte hier auch dem Studium der Wissenschaft zu höchster Blüte verholfen. So kam es, dass auch unser Herr Benno, der immer gerne dabei war, angezogen durch königliche Freigebigkeit, auf diesem Ringplatz des Geistes erschien.

Die entscheidenden Impulse des Aufschwungs kamen mit den von den Saliern eingeleiteten Baumaßnahmen. Der in vielen Geschichtswerken geradezu als »Gründer von Speyer« gepriesene Konrad II. begann 1024 mit dem Bau des Klosters Limburg und wenig später mit dem Bau des Domes sowie des Johannesstiftes in Speyer. Die Konventsgebäude des

Klosters Limburg – es entstand anstelle einer früheren salischen Burganlage – wurden 1035 fertiggestellt. Konrad II. schenkte dem Kloster reichen Besitz und machte es zu einem geistlichen Zentrum. Die erste Frau Heinrichs III., die Dänenprinzessin Gunhild, fand im Kloster Limburg die letzte Ruhestätte.

Auch das Johannesstift in Speyer erfuhr eine überaus großzügige Förderung durch Konrad II. und seine Nachfolger. Von größerer Bedeutung als jede materielle Zuwendung war die Überlassung der Gebeine des seligen Abtes Guido von Pomposa, die Heinrich III. im Jahr 1047 von Italien nach Speyer überführen ließ.

Speyer entwickelte sich unter Kaiser Heinrich III. zu einer der bevorzugten Pfalzen des Reiches und blieb es bis in die Regierungszeit Heinrichs V. Der normannische Mönch Ordericus bezeichnete 1125 Speyer sogar als *metropolis Germaniae*.

Spira fit insignis Heinrici munere regis (Speyer wird ausgezeichnet und erhöht durch das fördernde Werk König Heinrichs). Dieser Vers aus dem berühmten Codex Aureus, dem von Heinrich III. der Speyerer Kirche geschenkten Prachtevangeliar, macht deutlich, welchen Bedeutungszuwachs die Stadt in der Salierzeit erlebte. Mit der Formel *Sancta Spira* wird der Ort der Grablege der salischen Kaiser bezeichnet.

Die ebenfalls im 12. Jahrhundert geprägte Bezeichnung *Patria Spira* dagegen spielt auf die besondere Beziehung des Geschlechts der Salier zur Stadt an.

Am 14. August 1111, eine Woche nach der feierlichen Beisetzung des Vaters, verlieh Heinrich V. den Bürgern von Speyer bedeutende Freiheitsrechte, die mit goldenen Buchstaben um des Kaisers Bild angeordnet, an der Stirnseite des Domes angebracht wurden. Für Speyer leitete die Privilegienverleihung Heinrichs V. den Beginn der Entwicklung zur freien Reichsstadt ein. Diese war 1294 mit dem Verzicht Bischof Friedrichs auf die Stadtherrschaft abgeschlossen. Die ß sich in der Folgezeit vom neu gewählten Herrscher chof ihre Privilegien immer wieder bestätigen. Auch Friedrich I. (Barbarossa) bestätigte 1182 die Privilegi- ch ihre Förderung hatten die salischen Kaiser die ftliche und rechtliche Lage der Stadt Speyer erheb- l bessert.

die flächenmäßige Ausdehnung des Stadtgebietes war von einem Hektar im 10. Jahrhundert bis zum Ende der Salier (1125) auf die nahezu unglaubliche Größe von 70 Hektar erweitert worden. Dass Speyer in den Rang eines besonderen herrschaftlichen Zentrums erhoben wurde, verdankt es in erster Linie der Bestimmung des Domes zur salischen Familien- und Königsgrablege.

7.4 Juden in Speyer und im Reich der Salierzeit

Zur wirtschaftlichen und geistigen Blüte Speyers trugen ganz wesentlich die Juden bei. Sie ließen sich 1084 – mit Privilegien ausgestattet – als Schutzbürger des Bischofs Rüdiger Huzmann nieder. In der Urkunde vom 13. September 1084 heißt es: »Ich, Rüdiger mit dem Beinamen Huzmann und Speyerer Bischof, der ich aus dem Dorf eine Stadt machen will, glaubte die Ehre unseres Ortes tausendfach zu vermehren, wenn ich auch Juden aufnähme.« Der Bischof nahm Juden in Speyer auf, um die wirtschaftliche Bedeutung des Ortes zu fördern und damit zugleich die Stadtwerdung zu forcieren. Die Juden wurden im Dorf Altspeier (nördlich der Stadt) angesiedelt, ihr Wohngebiet (im Gelände des heutigen Adenauer-Parks) wurde zu ihrem Schutz ummauert. Gegen einen jährlichen Zins durften sie von dort aus bis zum Hafengebiet an der Speyerbach-Mündung frei mit allen Waren handeln sowie Gold und Silber wechseln. Wachdienst und sonstige Verteidigungspflichten hatten sie nur in ihrer Siedlung zu verrichten. Auch durften sie christliche Ammen und Knechte beschäftigen.

1090 bestätigte Kaiser Heinrich IV., als er sich in der Stadt aufhielt, die Urkunde des Bischofs und stellte die Juden der Tradition des Reiches gemäß unter den Schutz des Königs:

> Im Namen der heiligen und unteilbaren Dreifaltigkeit. Heinrich, von Gottes Gnade und Güte dritter erhabener Kaiser des Römischen Reiches. Allen Bischöfen, Äbten, Herzögen, Grafen und allen, die den Gesetzen unseres Reiches gehorsam sind, sei bekannt, dass die Juden wie Jehuda ben Kalonymos, David Bar Meschullam, Moses ben Guthiel mit ihren Gefährten in Speyer zu uns gekommen sind und gebeten haben, dass wir sie mit ihren kleinen Kindern und mit allen, die auf diese Gesetze zu hoffen scheinen, in unseren Schutz nehmen und behalten. Dass dies so geschehen ist, möge der Eifer aller unserer Getreuen wissen. Deswegen haben wir durch das Eintreten und das Gesuch Huzmanns, des Bischofs von Speyer, befohlen, dass ihnen unser Schutz bewilligt und gegeben werde. Weshalb wir befehlen, dass im übrigen niemand, der unter unserer königlichen Herrschaft durch irgendeine Würde oder Macht ausgezeichnet ist, kein Kleiner, kein Großer, kein Freier, kein Unfreier, sie beunruhigen oder bei welchen unrechten Gelegenheiten auch immer angreifen darf noch von ihrem Besitz, welchen sie aus rechtmäßiger Erbschaft an Höfen, Hütten, Geschäften, Weingütern, Äckern, Sklaven, oder anderen beweglichen und unbeweglichen Dingen haben, ihnen etwas wegzunehmen wage. Wenn ihnen aber entgegen dieser Bestimmung jemand Gewalt antut, wird er gezwungen, an unsere kaiserliche Kasse oder an die bischöfliche Kammer ein Pfund Gold zu zahlen und natürlich die Sache, die er ihnen entwendet hat, doppelt zurückzuerstatten. Sie mögen auch die freie Möglichkeit haben, ihre Dinge mit welchen Personen auch immer in gerechtem Kurs zu handeln und im Bereich unserer Herrschaft sich frei und in Frieden zu bewegen, ihren Handel und Verkauf zu pflegen, zu kaufen und zu verkaufen, und niemand nehme Steuer von ihnen, oder fordere eine andere private oder öffentliche Abgabe. In ihre Häuser darf ohne ihre Einwilligung niemand geschickt werden, niemand fordere von ihnen ein Pferd für die Reise des Königs oder einen Spanndienst für ein königliches Unternehmen. Wenn aber Diebesgut bei ihnen gefunden wird und der Jude sagt, er habe es gekauft, so möge er gemäß seinem Gesetz durch Eid nachweisen, wie viel er dafür bezahlt hat, und ebensoviel dafür erhalten und die Sache dann dem rechtmäßigen Besitzer zurückgeben. Niemand wage es, ihre Söhne

oder Töchter gegen deren Willen zu taufen, und wenn einer sie zwingt oder entführt oder sonst mit Gewalt gefangen tauft, so zahlt er zwölf Pfund in die kaiserliche Kasse oder an die des Bischofs. Wenn jemand von ihnen freiwillig getauft werden will, so werde er drei Tage verwahrt, damit er ohne Zwang sich klar wird, ob er sich wirklich wegen der christlichen Religion oder durch irgend ein Unrecht gezwungen von seinem Gesetz abwendet, und so wie er den Glauben der Väter verlässt, so geht er auch deren Besitzes verlustig. Ihre heidnischen Dienstboten darf ihnen niemand, indem er sie etwa unter dem Vorwand der christlichen Religion taufe, vom Dienst abwerben. Wer dies tut, zahlt drei Pfund Silber mit der Macht des Gerichts gezwungen und gibt darüber hinaus den Dienstboten seinem Herrn aus der Verwahrung zurück, der Dienstbote aber diene nach allen Vorschriften seines Herrn, nichtsdestoweniger unter reiner Beachtung des christlichen Glaubens, mit dessen Sakramenten er versehen ist. Es ist ihnen auch erlaubt, Christen für die eigenen Verrichtungen anzuwerben, außer an den Sonn- und Feiertagen, aber es ist ihnen nicht erlaubt, christliche Sklaven zu kaufen. Wenn ein Christ mit einem Juden oder ein Jude mit einem Christ Streit hat um eine Sache oder eine Auseinandersetzung, so schaffe jeder von beiden, je nachdem, wie die Sache steht, und bestätige nach seinem Gesetz, und niemand darf den Juden zu einem glühenden Eisen oder heißem oder kaltem Wasser zwingen, noch Geißelung androhen, noch in das Gefängnis werfen, sondern er schwöre nur gemäß seinem Gesetz nach vierzig Tagen, und er kann auch nicht durch irgendwelche Zeugen aus welchem Grund auch immer widerlegt werden. Und wer auch immer unter Verstoß gegen unseren Beschluss mehr von ihnen fordern will, wird gezwungen, drei Pfund Silber zu bezahlen. Wenn er einen verletzt, und es ist nicht tödlich, zahle er ein Pfund Silber, und wenn es ein Sklave ist, der ihn tötet oder verletzt, so erfülle dessen Herr die oben genannte Zahlung oder übergibt den Sklaven zur Bestrafung. Wenn aber jemand aus Armut gezwungen dies nicht zahlen kann, so werde diesem diejenige Strafe auferlegt, mit welcher jener belegt wurde zu Zeiten Kaiser Heinrichs, meines Vaters, der einen lebenden Juden getötet hat, d. h., dass ihm die Augen ausgestochen und die rechte Hand abgeschlagen werden. Wenn die Juden untereinander einen Streit oder einen Prozess auszutragen haben, so wird dies von ihresgleichen und nicht durch Außenstehende verhandelt und beurteilt. Und wenn jemand von ihnen verlogen die Wahrheit in einer unter ihnen verhandelten Sache verbergen will, so wird er von dem, der für die

Seite des Bischofs Synagogenvorsteher ist, gemäß seinem Gesetz gezwungen, das er über das, worüber geklagt wird, die Wahrheit sage. Wenn einmal unter ihnen oder mit ihnen ein Streit über schwierigere Fragen aufkommt, so mögen sie zunächst Frieden halten und es dem Bischof vorlegen und von seinem Urteilsspruch bestimmt zufrieden sein. Ferner haben sie die Erlaubnis, ihren Wein, ihre Farben und ihre Heilmittel an Christen zu verkaufen, und wie wir oben schon gesagt haben, nehme niemand von ihnen irgendeine private oder öffentliche Abgabe. Und damit diese Bestimmung zu aller Zeit unbeschränkt beachtet werde, haben wir befohlen, diese Urkunde zu schreiben und zu besiegeln mit unserem Siegel. [...]

Gegeben am 19. Februar im Jahr der Menschwerdung unseres Herrn 1090, im 36. Jahr der Herrschaft König Heinrichs und im sechsten seit der Kaiserkrönung. Gegeben zu Speyer im Namen Christi. Amen.

1096 schützte Bischof Johannes I. die jüdische Gemeinde vor der Verfolgungswelle, die durch die Kreuzzugsbewegung ausgelöst worden war. 1103 nahm Kaiser Heinrich IV. auch die Juden in den Allgemeinen Landfrieden auf.

Die Stadt Speyer besaß neben Worms und Mainz eine der bedeutendsten Judengemeinden des mittelalterlichen Deutschlands. Die Speyerer Juden pflegten weitläufige Verbindungen im Fernhandel. Aus der Familie der Kalonymiden stammten angesehene Verfasser religiöser Schriften. Als Zeugnisse des jüdischen Lebens sind die Ostwände der Synagoge und des Frauenbethauses und vor allem das Kultbad, die Mikwe, aus der Zeit um 1110 bis 1120 erhalten. Das Judenbad ist das wichtigste Baudenkmal der Speyerer Juden aus spätsalischer Zeit. Es wurde von christlichen Bauleuten der Dombauhütte erbaut und zeugt für das Ansehen, das die Juden am Ende des 11. und Beginn des 12. Jahrhunderts in Speyer besaßen.

Die soziale Situation der Juden verschlechterte sich in der Stauferzeit erheblich. Sie wurden zu dem Beruf des Geldverleihers gedrängt, was sie dann mit großem Erfolg taten. Waren die Juden für die bischöflichen Stadtherren in Speyer von besonderer Wichtigkeit gewesen, so wurden sie nunmehr für die Städte aufgrund weitreichender Verbindungen die Träger des Geldgeschäftes. Der wirtschaftliche Erfolg wurde jedoch für die Juden während des späten Mittelalters zur tödlichen Gefahr. Durch die Verschuldung christlicher Bürger kam es zu furchtbaren Judenverfolgungen. Vertreibungen wechselten sich mit Wiederzulassungen ab, bis noch vor der Mitte des 16. Jahrhunderts, auch noch vor der Einführung der Reformation 1540 das jüdische Leben in Speyer fast völlig erlosch.

8. Kulturelle Aspekte der Salierzeit

8.1 Kirchenbau der Salierzeit

Nur wenig an profaner und sakraler Architektur aus salischer Zeit ist heute noch vorhanden. Die Dome und Klosterkirchen der frühsalischen Zeit sind nirgends in reiner Form erhalten. Zumeist sind es nur noch die Krypten und einzelne Fundamentteile, die zu dem salischen Bau gehören. Merseburg und Meißen sind Beispiele dafür, Monte Cassino oder die italienischen Dome generell.

Stilreine Kirchen hat allenfalls die moderne Denkmalpflege rekonstruiert. Die Kirchenbaukunst der Salierzeit geht in ihrer Monumentalität weit über die Vorgänger des 10. Jahrhunderts hinaus. Zwar schließt sie sich an die ältere Zeit an, bringt aber Neuerungen hervor, die aufgrund des technischen Fortschritts und stärker entwickelter handwerklicher Möglichkeiten für die weitere Entwicklung der romanischen Baukunst richtungweisend wurden.

Hervorzuheben ist die nach der Mitte des 11. Jahrhunderts einsetzende Ablösung des gemörtelten Bruchsteinmauerwerks durch glatt behauene Großquader. Seit dem letzten Viertel des 11. Jahrhunderts entstehen die ersten Zwerggalerien, die den oberen Teil des Bauwerks schmücken. Um diese Zeit wird mit dem Einwölben des Innenraums begonnen und damit eine neue Deckenlösung gefunden, die als erste die bisherige Flachdecke ersetzt. Für diese Neuerungen ist der Speyerer Dom ein eindrucksvolles Beispiel. Dieser technisch wie baukünstlerisch epochemachende Bau war Vorbild für die Gestaltung der in der ersten Hälfte des 12. Jahrhunderts entstandenen Ostteile der Domneubauten von Mainz und Worms.

Etwa drei Jahre vor dem Baubeginn des Speyerer Domes wurde von Konrad II. die salische Gaugrafenburg Limburg (bei Bad Dürkheim) in ein Benediktinerkloster umgewandelt.

Die noch als Ruine erhaltene Abteikirche – eine lang gestreckte, kreuzförmige, dreischiffige Säulenbasilika – ist eines der wichtigsten Zeugnisse salischer Baukunst. Sie spiegelt eindrucksvoll die Klarheit der Proportionen und Dekoration eines salischen Großbaus wider.

Die Kirche besitzt einen rechteckigen Chorschluss, Flachdecken und mächtige Säulen als Träger der Mittelschiffwände. Umstritten ist allerdings, ob die Westfassade der Kirche als Westquerbau mit Mittelturm oder als Doppelturmfassade gestaltet war.

Bei der Gestaltung der äußeren Form der Kirchen galt das Bemühen vor allem der Dekoration der Fassaden. Die diesbezüglichen Neuerungen seit der zweiten Hälfte des 11. Jahrhunderts führten zu zwei Lösungen: die Kirchenfassade mit einem Mittelturm oder einem Turmpaar.

Stellvertretend für die nicht mehr erhaltenen pfälzischen salischen Kirchenbauten von bescheidenerem Ausmaß stehen die noch erhaltenen Ostteile der Pfarrkirche von Niederkirchen (bei Deidesheim) vom Ende des 11. Jahrhunderts mit dem hoch aufragenden mächtigen Vierungsturm.

8.2 Burgenbau der Salierzeit

Die Zeit der Salier ist eine Epoche durchgreifender gesellschaftlicher Veränderungen, in deren Verlauf der selbstbewusster werdende Adel des Reiches immer häufiger dazu überging, steinerne Burgen als ständige, repräsentative Wohnsitze zu errichten.

Die in salischer Zeit entstandenen Burgen sind kaum im Zustand des 11. Jahrhunderts erhalten. Von den Anlagen, die nachweislich in der salischen Epoche errichtet wurden, sind entweder gar keine Reste jener Zeit erhalten oder aber nur wenige Mauerzüge oder Bauspolien überliefert (Trifels, Madenburg, Stauf, Hohenfels am Donnersberg, Böckelheim).

Dies ist deshalb so, weil ältere Burganlagen zumeist in den auf die Salierzeit folgenden Jahrhunderten erneuert und dem jeweiligen Stand des Festungsbaus angepasst wurden. Doch gibt es in der Pfalz eine Burg, die in salischer Zeit errichtet, aber nach ihrer Zerstörung (möglicherweise 1168) nicht wieder aufgebaut wurde: das sogenannte »Schlössel« bei Klingenmünster, die Ruine einer Turmburg auf einem Ausläufer des Trifelskopfes oberhalb der Pfalzklinik. Dieser Bautyp war offensichtlich die für Adelsburgen des 11. und frühen 12. Jahrhunderts bevorzugte Bauform.

Außer Wohnturmanlagen gab es noch andere Bau- und Grundrissformen in salischer Zeit: die Adelsburgen mit ovalem Grundriss und innen an die Ringmauer angeschobenen Gebäuden. Die Burgruine »Steinenschloß« bei Biebermühle (Pirmasens-Nord) ist dafür ein Beispiel. Beim »Steinenschloß«, dessen ehemaliger Name wie beim »Schlössel« nicht überliefert ist, sind Ringmauer und Gebäude in ihren unteren Mauerschichten noch in rein salischer Technik kleiner Quaderverbände erhalten.

Von der in salischer Zeit (1081) nachgewiesenen Burg Trifels bei Annweiler waren noch vor dem Ausbau (1938) einige salische Mauerreste erhalten, die heute nicht mehr sichtbar sind. Auf der Burg Winzingen oberhalb des Neustadter Stadtteils Haardt, einer Burganlage, die mehrmals (im 13., 14. und 16. Jahrhundert) umgebaut wurde, sind noch eindrucksvolle Reste aus spätsalischer Zeit (bald nach 1100) erhalten geblieben: die Burgkapelle St. Nikolaus und ein Stück der ehemaligen Ringmauer.

Die Burgkapelle ist ein zweijochiger, kreuzgratgewölbter Bau, dessen Ostapsis mit ihren auf Halbsäulen vorgeblendeten Rundbögen stark an die Apsis des Speyerer Domes erinnert. Es könnte durchaus sein, dass nach der weitgehenden Fertigstellung des Speyerer Dombaues die Bauleute für andere Bauten abgestellt wurden. Ein Beispiel dafür ist das Speyerer Judenbad, das etwa zwischen 1110 und 1120 von Handwerkern der Dombauhütte errichtet wurde. Somit könnten auch Speyerer Dombauleute auf der Burg Winzingen tätig gewesen sein.

Es wäre durchaus möglich, dass die Architekten des Speyerer Domes, Bischof Benno II. von Osnabrück (ab 1076, gest. 1088) und Bischof Otto von Bamberg (1090–1097, gest. 1139) auch in der Pfalz Burgen erbaut haben. Benno von Osnabrück hat nachweislich für Kaiser Heinrich IV. im Harzgebiet Burgen gebaut, darunter die Harzburg bei Bad Harzburg und die Burg Sachsenstein bei Bad Sachsa. Von ihm berichtet die Vita (Kap. 21 bzw. 27), dass er ein hervorragender Baumeister war. Auch Otto von Bamberg wird ausdrücklich als berühmter, vortrefflicher Baumeister bezeichnet.[15] Benno und Otto waren während eines langen Zeitraums immer wieder in Speyer – Benno ab 1045, Otto ab 1084.

8.3 Kunstschaffen der Salierzeit

Das Kunstschaffen während der salischen Zeit führte einerseits Traditionen der ottonischen Kunst weiter und wird deshalb zu Beginn der Salierzeit auch als spätottonisch eingestuft. Andererseits sind Neuerungen festzustellen, sodass die salische Kunst ihren eigenen Charakter erhält. In der Baukunst steht der Speyerer Dom an der Spitze – er gilt als Symbol des Führungsanspruchs der salischen Kaiser.

Die Goldschmiedekunst erlebte in frühsalischer Zeit ihren Höhepunkt. Qualitätsvolle Schmuckstücke mit Perlen, Edelsteinen und Email verziert, sind in größerer Zahl überliefert. Die Goldschmiede hatten ihre Werkstätten in den Städten oder bei den Adelsburgen. Auch einige der in den großen Klöstern lebenden Mönche sind nachweislich Goldschmiede

15 Zur genauen Rolle Ottos beim Dombau vgl. Wolfgang Giese: Otto von Bamberg und der Speyerer Dombau. In: Bischof Otto I. von Bamberg. Reformer – Apostel der Pommern – Heiliger. Gedenkschrift zum Otto-Jubiläum 1989. [Historischer Verein für die Pflege der Geschichte des ehemaligen Fürstbistums Bamberg 125] Bamberg 1989, S. 105–113.

gewesen, die aber wohl keinen Goldschmuck, sondern nur liturgische Gerätschaften hergestellt haben.

Wie die Goldschmiedekunst diente auch die Buchmalerei der königlichen Selbstdarstellung. Die Herrschaftsauffassung der Salier spricht am elementarsten aus den Handschriften, den Evangeliaren und Perikopenbüchern aus der Reichenau, aus Echternach und Helmarshausen. In der Buchmalerei war die Echternacher Malschule führend und richtungweisend. Der Codex Aureus, das goldene Evangelienbuch Heinrichs III., gilt als Höhepunkt der Buchmalerei. Das 1045/46 im Skriptorium der Abtei Echternach entstandene und heute im Madrider Escorial befindliche Evangeliar übertrifft aufgrund seiner prunkvollen Ausstattung und der Anzahl seiner Miniaturen alle Werke, die in Echternach geschaffen wurden.

In der Plastik entstanden bedeutsame Holzbildwerke. Zwischen 1051 und 1058 entstand die Imad-Madonna, die sich heute im Diözesanmuseum Paderborn befindet. Um 1080 wurden bedeutende Monumentalbildwerke aus Bronze (Bronzekruzifix von St. Liudger Essen-Werden, Grabplatte Rudolfs von Rheinfelden im Dom von Merseburg, Goslarer Thron in der Domvorhalle) geschaffen.

Aus Stuck sind drei bedeutende Grabplatten der Äbtissinnen (um 1100) in der Krypta der ehemaligen Stiftskirche St. Servatius in Quedlinburg erhalten.

9. Quellen zur Salierzeit

9.1 *Zeitgenössische Quellen*

Neben den Urkunden der salischen Kaiser, die mehrheitlich in den Monumenta Germaniae Historica veröffentlicht sind,[16] stehen als Primärquellen auch zahlreiche Briefe zur Verfügung, besonders aus der Zeit des Investiturstreits, die unmittelbar von den Hauptpersonen König Heinrich IV. und Papst Gregor VII. stammen und wie die Urkunden Selbstzeugnisse darstellen. Besonders erfreulich, wenn auch nicht unbedingt überraschend, ist die Tatsache, dass zahlreiche Briefe König Heinrichs IV. erhalten sind.[17] Bedeutend für die salische Zeit sind auch bereits Inschriften, besonders solche, die als Urkunden dienten, so z. B. die Privilegien Bischof Adalberts von Mainz für seine Stadt, die in die Domtür eingraviert sind. Leider ist von dieser Quellengruppe vieles Wichtige nicht erhalten, z. B. die Privilegien Kaiser Heinrichs V. für die Stadt Speyer von 1111.[18]

Neben diesen Zeugnissen ist das 11. Jahrhundert auch ausführlich in erzählenden Texten dokumentiert, die, weil die salischen Herrscher – man möchte fast sagen von Generation zu Generation mehr – auch polarisierende Gestalten

16 Diplomata IV: Conradi II. Diplomata (DD K II) Hannover und Leipzig 1909 – Diplomata VI: Heinrici IV. Diplomata (DD H IV). Pars III, Hannover 1978.

17 Franz-Josef Schmale / Irene Schmale-Ott: Quellen zur Geschichte Kaiser Heinrichs IV. Lateinisch und deutsch. Darmstadt ^{5}2006, S. 5–20 und 51–141.

18 Dazu: Kurt Andermann, Die Speyerer Privilegien von 1111; ders.: Bürgerrecht; Hans Hattenhauer, Der Speyerer Freiheitsbrief vom 7./14. August 1111; Sebastian Scholz, Die Urkundeninschriften in Speyer (1111), Mainz (1135) und Worms (1184) – Funktion und Bedeutung; ders.: Die Urkundeninschriften Kaiser Heinrichs V. für Speyer aus dem Jahr 1111; ders.: Die Urkunden Kaiser Heinrichs V. für die Bürger der Stadt Speyer, 7. und 14. August 1111.

waren, die in besonderem Maße Widerspruch und Verteidigung herausgefordert haben. Oft werden die Streitschriften und Geschichtswerke jener Zeit zitiert, selten dagegen sind sie übersichtlich für eine schnelle Orientierung zusammengestellt. Dies geschieht daher in der folgenden Auflistung:

Zeitgenössische Quellen zur Salierzeit

Annales Hildesheimenses / Hildesheimer Jahrbücher, bis 1037

Sie umfassen nur die Anfänge Konrads II. und sind eher prosalisch ausgerichtet.

Georg Heinrich Pertz (Hrsg.): MGH Scriptores III. Hannover 1839, S. 22–116, bes. 103–112

Wipo, Gesta Chuonradi / Taten Konrads, 1046

Lebensbeschreibung Konrads II., die den Kaiser als das Idealbild des Herrschers darstellt und vier Hauptthemen enthält: den Regierungsanfang, die Italienzüge, den Kampf gegen Herzog Ernst von Schwaben sowie den Erwerb Burgunds; Wipo, der aus Burgund oder Schwaben stammte und eine sorgfältige Ausbildung erhalten hatte, war Hofkaplan Kaiser Konrads und lebte, wohl bis zu seinem Tod, auch in der Hofkapelle Heinrichs III.

Harry Bresslau (Hrsg.): Wiponis Opera. [MGH Scriptores rerum Germanicarum] Hannover und Leipzig 1915, Hannover ^{3}1993

Hermann von Reichenau (der Lahme), Chronicon, bis 1054

Der Sohn des Grafen Wolfrat II. von Altshausen Hermann (1013–1054) war von Kindheit an gelähmt, und es war ein Glücksfall, dass er dennoch in dieser Zeit seine geistigen Talente voll entfalten durfte. Sein Hauptwerk setzt mit dem Jahr 666 ein und endet mit seinem Todesjahr 1054.

Georg Heinrich Pertz (Hrsg.): Herimanni Augiensis Chronicon. In: MGH Scriptores V, 1844, S. 67–133

Rudolf Buchner (Hrsg.): Hermann von Reichenau: Chronicon. In: Quellen des 9. und 11. Jahrhunderts zur Geschichte der Hamburgischen Kirche und des Reiches. Darmstadt ^{7}2000, S. 615–707

Annales Altahenses maiores / Jahrbücher von Niederaltaich, um 1075

Dieses Werk ist im Kloster Niederaltaich bei Passau entstanden und behandelt die Jahre 708 bis 1075. Der ältere Teil beruht auf den Hildesheimer und Hersfelder Annalen. Der Verfasser des jüngeren Teils betrachtet sowohl Heinrich IV. als auch dessen Gegner sachlich und kritisch.

Wilhelm v. Giesebrecht und Edmund L. B. Oefele (Hrsg.): Annales Altahenses maiores. Hannover ^{2}1981 und Darmstadt 2000

Erlung von Würzburg, Carmen de Bello Saxonico / Lied vom Sachsenkrieg, um 1075

Der vermutliche Verfasser Erlung war 1103–1105 Kanzler Heinrichs IV. und 1105–1121 Bischof von Würzburg; das Carmen entstand unmittelbar nach dem Sieg über die Sachsen und schildert die Vorgänge aus salischer Sicht. Es ist ein eher einseitiges Loblied auf Heinrich IV.

Oswald Holder-Egger (Hrsg.): Carmen de Bello Saxonico. [MGH Scriptores rerum Germanicarum XVII] Hannover 1889

Franz-Josef Schmale / Irene Schmale-Ott: Quellen zur Geschichte Kaiser Heinrichs IV. Lateinisch und deutsch. Darmstadt ^{5}2006, S. 20–27 und 143–189

Arnulf von Mailand, Gesta archiepiscoporum Mediolanensium / Taten der Erzbischöfe von Mailand, um 1077

Diese Darstellung ist eigentlich eine Mailänder Bistumsgeschichte; im Verlauf seines Werkes wandelt sich seine Ansicht von der Kritik an Papst Gregor VII. in Zustimmung zur Kirche. Ausführlich beschreibt er die Mailänder Bewegung der Pataria; Arnulf endet mit der Wahl des Gegenkönigs Rudolf von Rheinfelden.

Claudia Zey (Hrsg.): Arnulf von Mailand, Liber gestorum recentium. [MGH Scriptores rerum Germanicarum LXVII] Hannover 1994

Lampert von Hersfeld (auch Lampert von Aschaffenburg oder nur Schafnaburger genannt), Annales, 1077–1080

Der um 1028 geborene Lampert wurde an der Bamberger Domschule ausgebildet und trat 1058 in das Kloster Hersfeld ein. Bevor er sich, auch durch Reisen, der Klosterreform widmete, wirkte er als Schriftsteller in Hersfeld. Seine Annalen beginnen mit einem Abriss der Weltgeschichte seit Adam und sind ab 708 als Annalen abgefasst. Für diesen mittleren Teil benutzte er die Hildesheimer Annalen als Vorlage. Ab 1040/43 folgt schließlich Lamperts eigene Darstellung, die bis zur Wahl Rudolf von Rheinfeldens reicht. Der Quellenwert dieser Annalen ist nicht durchgehend gleich hoch. Lampert beurteilt Heinrich III. eher positiv, Heinrich IV. dagegen negativ.

Oswald Holder-Egger (Hrsg.): Lamperti monachi Hersfeldensis Opera. [MGH Scriptores rerum Germanicarum XXXVIII] Hannover 1894, S. 1–304

Adolf Schmidt (Übers.) / Wolfgang Dietrich Fritz (Erl.): Lampert von Hersfeld, Annalen. Lateinisch und deutsch. Darmstadt ^{4}2000

Adam von Bremen, Historia Hammaburgensis Ecclesiae / Gesta Hammaburgensis ecclesiae pontificum / Geschichte der hamburgischen Kirche, 1072–1080/81

Der aus Thüringen stammende Adam besuchte mit Lampert von Hersfeld die Bamberger Domschule und gehörte zum Bremer Domkapitel. Drei Bücher umfassen die Jahre 755 bis 1072, das vierte Buch befasst sich mit den Missionsgebieten im Norden und Nordosten. Das Werk ist von Treue zum Königtum geprägt.

Bruno, De bello Saxonico liber / Das Buch vom Sachsenkrieg, um 1080

Bruno stand den Bischöfen Werner von Magdeburg und Werner von Merseburg nahe oder war Kanzler des Gegenkönigs Hermann von Salm und starb nach 1082. Sein Buch vom Sachsenkrieg sieht die Katastrophe in Heinrichs Bosheit begründet und stellt diesen sehr polemisch als charakterlosen, gewalttätigen Mann dar.

Hans-Eberhard Lohmann (Hrsg.): Brunos Buch vom Sachsenkrieg. [MGH Deutsches Mittelalter II] Leipzig 1937

Franz-Josef Schmale / Irene Schmale-Ott: Quellen zur Geschichte Kaiser Heinrichs IV. Lateinisch und deutsch. Darmstadt [5]2006, S. 191–204

Wido von Osnabrück, Liber de Controversia inter Hildebrandum et Heinricum imperatorem / Buch über den Streit zwischen Hildebrand und Kaiser Heinrich, 1084

Der Propst und (1093–1101) Bischof von Osnabrück verfasste im Auftrag seines Vorvorgängers Benno II. eine Streitschrift im Investiturstreit für die Partei Heinrichs IV. gegen Gregor VII. Die Schrift ist in einem wohl ausführlichen späteren Exzerpt erhalten. Nach Wido ist Gregor der Schuldige an Streit und Eskalation; seine Papstwahl ist ebenso unrechtmäßig wie sein Anspruch, über dem Kaiser zu stehen; ebenso wird die Exkommunikation Heinrichs und die Lösung der Fürsten vom Treueeid gegen den König verurteilt.

Lothar von Heinemann (Hrsg.): Excerpta ex Widonis Osnabrugensis Libro de controversia inter Hildebrandum et Heinricum imperatorem. In: Libelli de Lite I. Hannover 1891, S. 461–470

Petrus Crassus, Defensio Heinrici IV. regis / Verteidigung König Heinrichs IV., 1084

Der juristisch gebildete Laie P. C. verfasste im Auftrag Heinrichs IV. diese Streitschrift zur Verurteilung Papst Gregors VII.

Lothar von Heinemann (Hrsg.): Petri Crassi Defensio Heinrici IV. regis. In: Libelli de Lite I. Hannover 1891, S. 432–453

Registrum Gregorii / Register Gregors VII. 1073–1085

Sammlung der Briefe Papst Gregors VII., wahrscheinlich kontinuierlich geführtes Register mit 389 Einträgen.

Erich Caspar (Hrsg.): Gregorii VII. registrum. [MGH Epistulae selectae II,1 und II,2] Berlin 1920–1923

Berthold von Reichenau, Chronicon (im Wesentlichen Fortsetzung der Chronik Hermanns des Lahmen), vor 1088

Der Mönch Berthold (1030–1088) war Schüler Hermanns des Lahmen, dessen Chronik er abschließen sollte. Während das Werk bis 1075 eine königstreue Tendenz aufweist, beginnt mit diesem Jahr eine bisweilen polemische Darstellung zugunsten Gregors VII. und Rudolfs von Rheinfelden.

Ian Stuart Robinson (Hrsg.): Die Chroniken Bertholds von Reichenau und Bernolds von Konstanz 1054–1100. [MGH Scriptores rerum Germanicarum Nova series XIV] Hannover 2003, S. 161–381

Ian Stuart Robinson (Hrsg.): Bertholds und Bernolds Chroniken. Lateinisch und deutsch. Übersetzt von Helga Robinson-Hammerstein, Darmstadt 2002, S. 19–277

Benzo von Alba, Ad Heinricum IV. Imperatorem libri VII / Sieben Bücher für Kaiser Heinrich IV., 1086–1088

Der Bischof von Alba am Tanaro war ein überzeugter Anhänger der salischen Partei, was sich auch in der Darstellung niederschlägt, einer Sammlung von Aufsätzen und Gedichten, die unter anderem Heinrichs Kaiserkrönung genau beschreibt.

H. Seyffert (Hrsg.): Benzo von Alba: Ad Heinricum IV. Imperatorem libri VII. [MGH Scriptores rerum Germanicarum LXV] Hannover 1996

Norbert von Iburg, Vita Bennonis II. episcopi Osnabrugensis / Das Leben Bennos II. Bischof von Osnabrück, 1090–1100

Der Abt von Iburg, eingesetzt von Bischof Benno, stellt seinen Förderer so wahrheitsgetreu dar, wie er konnte, vor allem dessen Verhältnis zu Kaiser Heinrich IV. Seine Darstellung gerät eher prosalisch.

Harry Bresslau (Hrsg.): Vita Bennonis II. episcopi Osnabrugensis. [MGH Scriptores rerum Germanicarum LVI] Hannover und Leipzig 1902 Hannover, Nachdruck 1956

Bernold von Konstanz / von St. Blasien, Chronicon (im Wesentlichen Fortsetzung Bertholds von Reichenau), um 1100

Bernold (um 1050–1100) wurde in der Domschule zu Konstanz erzogen und war ein entschiedener Verfechter der Kirchenreform. Er wendet sich gegen Heinrich IV. und warnt vor dem Umgang mit Gebannten; auch beschreibt er besonders die Erfolge der Adelsopposition und der Reformpartei.

Ian Stuart Robinson (Hrsg.): Bertholds und Bernolds Chroniken. Lateinisch und deutsch. Übersetzt von Helga Robinson-Hammerstein, Darmstadt 2002, S. 279–433

Ian Stuart Robinson (Hrsg.): Die Chroniken Bertholds von Reichenau und Bernolds von Konstanz 1054–1100. [MGH Scriptores rerum Germanicarum Nova Series XIV] Hannover 2003, S. 383–540

Leo von Monte Cassino (Graf von Marsica), Chronica monasterii Casinensis / Chronik des Klosters Monte Cassino, um 1100

Geschichte des Klosters Monte Cassino von der Gründung durch Benedikt von Nursia bis zur Zeit des Verfassers; positive Darstellung Heinrichs III. als entschiedenem Verfechter der Kirchenreform

Hartmut Hoffmann (Hrsg.): Leo Marsicanus: Chronica monasterii Casinensis. In: MGH Scriptores XXXIV, Hannover 1980

Hugo von Fleury, De regia potestate et sacerdotali dignitate / Von der königlichen Macht und der priesterlichen Würde, nach 1102

Der Mönch Hugo, der auch eine Weltchronik verfasste, nahm als einer von wenigen Franzosen Stellung im Investiturstreit. Er verurteilt Papst Gregors Haltung als massiven Übergriff auf die Königsmacht. Besonders lehnt er

Gregors Behauptung ab, die Staatsgewalt käme nicht von Gott, sondern von schlechten Menschen.

Ernst Sackur (Hrsg.): Hugonis monachi Floriacensis tractatus de regia potestate et sacerdotali dignitate. In: Libelli de Lite II. Hannover 1892, S. 465–494

Frutolf von Michelsberg, Chronicon, vor 1103

Der Mönch des Klosters Michelsberg bei Bamberg starb 1103. Seine Chronik beginnt mit der Erschaffung der Welt und endet um 1100. Das Werk ist in der Handschrift des Autors erhalten und bietet eine differenzierte Darstellung der Ereignisse der Salierzeit.

Franz-Josef Schmale / Irene Schmale-Ott (Hrsg.): Frutolfs und Ekkehards Chroniken und die anonyme Kaiserchronik. Darmstadt 1972, S. 47–121

Annales Augustani / Augsburger Jahrbücher, um 1104

Im Augsburger Domkapitel entstanden die von 973 bis 1104 reichenden Aufzeichnungen, die eine prosalische Haltung aufweisen.

Georg Heinrich Pertz (Hrsg.): Annales Augustani. In: MGH Scriptores III. Hannover 1839, S. 123–136

Kaiser Heinrich IV., Epistolae / Briefe, bis 1106

Von Kaiser Heinrich sind 42 Briefe erhalten, vier im Original, die anderen in Abschriften an unterschiedlichen Stellen.

Franz-Josef Schmale / Irene Schmale-Ott (Hrsg.): Frutolfs und Ekkehards Chroniken und die anonyme Kaiserchronik. Darmstadt 1972, S. 5–20 und 51–141

Erlung von Würzburg, Vita Heinrici IV. / Leben Heinrichs IV., 1106

Bei der Vita handelt es sich eigentlich um eine Totenklage über Heinrich IV. Nach der Beschreibung der Tugenden des Herrschers erzählt er das Leben des Kaisers in drei Abschnitten: Königsjahre und Kaiserkrönung, sichere Herrschaft und Friedenspolitik, Absetzung durch den Sohn.

Wilhelm Eberhard (Hrsg.): Vita Heinrici IV. [MGH Scriptores rerum Germanicarum LVIII] Hannover 1899

Siegbert von Gembloux, Chronica, um 1083 bis 1111

Siegbert war von einfacher Herkunft, wurde aber ein geschätzter Ratgeber höherrangiger und älterer Würdenträger. Die in Lüttich entstandene Weltchronik Siegberts bildet die Fortsetzung der Chronik des Eusebius von Caesarea, setzt also ein mit dem Jahr 381. Sie endet mit der Kaiserkrönung Heinrichs V. und ist prosalisch, aber auch auf Ausgleich ausgerichtet.

Ludwig C. Bethmann (Hrsg.): Sigberti Gemblacensis. In: Georg Heinrich Pertz u. a. (Hrsg.): MGH Scriptores VI, 1844 (1908), S. 300–374

Ekkehard von Aura, Chronicon / Weltchronik (im Wesentlichen Fortsetzung der Chronik Frutolfs von Michelsberg), 1125

Der Mönch am Tegernsee, der bereits an einem Kreuzzug teilgenommen hatte, gehörte zur Umgebung Heinrichs V. Otto von Bamberg ernannte ihn zum ersten Abt des Klosters Aura. In der Auseinandersetzung zwischen Heinrich IV. und Heinrich V. steht seine Chronik auf der Seite des Sohnes, den er aber im weiteren Verlauf der Ereignisse, nämlich beim erneuten Schisma verurteilt.

Georg Waitz (Hrsg.): Ekkehardi Uraugiensis Chronica. In: Georg Heinrich Pertz u. a. (Hrsg.): MGH Scriptores IV. Chronica et annales aevi Salici. Hannover 1844, S. 33–210

Franz-Josef Schmale / Irene Schmale-Ott (Hrsg.): Frutolfs und Ekkehards Chroniken und die anonyme Kaiserchronik. Darmstadt 1972, S. 123–209 und 267–377

Cosmas von Prag, Chronica Boemorum / Die Chronik der Böhmen, vor 1125

Der Prager Domherr verfasste eine volkstümliche Geschichte der Böhmen, die nicht auf kritischem Quellenstudium fußt. Seine Darstellung der Krönung Wratislaws zum ersten König von Böhmen durch Kaiser Heinrich IV. in Mainz ist allerdings ein Augenzeugenbericht. Den Investiturstreit erwähnt er kaum und interessiert sich auch sonst nicht sehr für die Reichsgeschichte.

Bertold Bretholz (Hrsg.): Die Chronik der Böhmen des Cosmas von Prag. [MGH Scriptores rerum Germanicarum, Nova Series II] München (Neudruck der Ausgabe von 1923) 1995

9.2 Geschichtsschreibung bis 1800

Das salische Jahrhundert blieb auch nach dem Tod des kinderlosen Heinrichs V. für die Geschichtsschreibung von höchstem Interesse, nicht nur für Historiographen, deren Werke irgendwann vor 1024 begannen und in ihrer eigenen Gegenwart endeten und insofern dieses salische Jahrhundert notwendigerweise enthielten, sondern besonders für diejenigen, die den Wirkungsorten und Heimatorten der prägenden Personen nahestanden, wie freilich Speyer, Magdeburg, Merseburg oder Rheinfelden. Von ihnen, die vor allem als Primärquellen ihrer Zeit, also zur Rezeptionsgeschichte von Bedeutung sind, findet sich in der folgenden Auflistung eine kleine Auswahl:

Geschichtsschreibung bis 1800

Paul von Bernried, Vita Gregorii VII., um 1128

Paul von Regensburg war Mitbegründer des Chorherrenstifts Bernried, dessen päpstliche Bestätigung er in Rom erlangte; 1126 nach Regensburg zurückgekehrt, verfasste er eine hagiographische Lebensbeschreibung Papst Gregors VII., unter anderem auf der Grundlage von in Rom gesammeltem Material.

Johann Matthias Watterich (Hrsg.): Pontificum Romanorum vitae I. 1862, S. 474–546 und 752 f.

Ordericus Vitalis, Historia ecclesiastica / Kirchengeschichte, 1141/42

Der Mönch aus dem Reformkloster St. Evroult (Normandie), der im Auftrag seiner Oberen eine Geschichte seines Klosters schreiben sollte, erweiterte diese letztendlich zu einer umfangreichen Kirchen- und Profangeschichte der Normannen und der Weltkirche in 13 Büchern, in denen auch die Salier vorkommen, freilich als Gegner der Normannen, und Heinrich IV. als Gegner von Papsttum und Kirchenreform.

Georg Heinrich Pertz (Hrsg.): MGH Scriptores XX. Hannover 1868, S. 50–82;

Tod Kaiser Heinrichs V.: 12,43

Otto von Freising, Chronica, 1143–1146/1157

Der Sohn des Markgrafen Leopold III. von Österreich und Enkel Kaiser Heinrichs IV. durch seine Mutter Agnes war ab 1138 Bischof von Freising. In seiner Chronik deutet er die Weltgeschichte als Geschichte der zwei Reiche, was er konsequent entfaltet, und beginnt mit der Erschaffung der Welt. Sie endet im achten Buch mit dem Jüngsten Gericht.

Adolf Hofmeister (Hrsg.): Ottonis episcopi Frisingensis Chronica sive Historia de duabus civitatibus. [MGH Scriptores rerum Germanicarum XLV] Hannover 1912

Adolf Schmidt (Übers.) / Walther Lammers (Hrsg.): Otto Bischof von Freising: *Chronik oder die Geschichte der zwei Staaten.* Lateinisch und deutsch. Darmstadt 1960

Annalista Saxo, Chronica, 1144/45 und Gesta archiepiscoporum Magdeburgensium / Taten der Erzbischöfe von Magdeburg, 1142

Arnold, der Abt von Berge bei Magdeburg (seit 1119) und Nienburg in Anhalt (seit 1134), war Parteigänger Lothar von Supplinburgs und wurde von der historischen Forschung mit dem Annalista Saxo identifiziert. Er verfasste eine Reichschronik, die von 741 bis 1139 reicht.

Arnold wird auch der Abschnitt 938 bis 1142 über die Taten der Erzbischöfe von Magdeburg zugeschrieben.

Klaus Nass (Hrsg.): Die Reichschronik des Annalista Saxo. [MGH Scriptores XXXVII] Hannover 2006

Wilhelm Schum (Hrsg.): Gesta archiepiscoporum Magdeburgensium. [MGH Scriptores XIV] Hannover 1883, S. 376–484

Anonyme Kaiserchronik, um 1150

Diese frühmittelhochdeutsche Reimchronik aus der Mitte des 12. Jahrhunderts, welche die Zeit von Julius Caesar bis König Konrad III. umfasst, entstand wohl in Regensburg und weist prosalische Tendenz auf. Sie enthält zahlreiche Sagen und Legenden.

Franz-Josef Schmale / Irene Schmale-Ott (Hrsg.): Frutolfs und Ekkehards Chroniken und die anonyme Kaiserchronik. Darmstadt 1972, S. 211–265

Otto von Freising, Gesta Friderici I. / Taten Friedrichs I., bis 1156

Den Bericht über König Friedrich I. verfasste Otto auf dessen Wunsch hin und auf der Grundlage von dessen Notizen. Heinrich IV. wird durchaus kritisch betrachtet. Friedrich I. war der Sohn Herzog Friedrichs II. von Schwaben, des Wunschnachfolgers Heinrichs V.

Georg Waitz / Bernhard von Simson (Hrsg.): Ottonis et Rahewini gesta Friderici I. [MGH Scriptores rerum Germanicarum XLVI] Hannover – Leipzig 1912

Adolf Schmidt (Übers.) / Franz-Josef Schmale (Hrsg.): Bischof Otto von Freising und Rahewin: Die Taten Friedrichs. Darmstadt 1974

Annales Spirenses / Speyerer Jahrbücher, 2. Hälfte 13. Jh.

Sehr knappe, eher prosalische Darstellung der Ereignisse 920–1272, die nur an wenigen Stellen, vor allem in dem Abschnitt über die Salier ausführlicher wird.

Johann Friedrich Boehmer: Fontes rerum Germanicarum. Bd. II, Stuttgart 1845, S. 147–158

Georg Heinrich Pertz. Annales Spirenses. In: MGH Scriptores XVII, S. 80–85

Casus monasterii Petrishusensis, lat. 1156, dt. Auswahlübersetzung 15. Jh.

Dieser Text ist eigentlich eine Abhandlung zur Gründung und Frühgeschichte des Klosters Petershausen am Rhein im Bistum Konstanz, die allerdings ausführlich zu den historischen Rahmenbedingungen Stellung nimmt. Das

Werk umfasst sechs Bücher. Den Saliern steht es positiv gegenüber.

Georg Heinrich Pertz (Hrsg.): MGH Scriptores XX. Hannover 1868, S. 621–683

Otto Feger (Hrsg.): Die Chronik des Klosters Petershausen. [Schwäbische Chroniken der Stauferzeit III] Sigmaringen 1978

über Heinrich IV. 2,26–47

Heinrich V. 4,7

Ebo / Ebbo von Michelsberg, Vita Ottonis episcopi Bambergensis / Leben Bischof Ottos von Bamberg, 1151–1159

Der Mönch, der Otto wohl noch selbst gekannt hat, berichtet viel über Ottos Zeit in Speyer, über seine Mission in Pommern und die Gefahren, denen Otto sich dabei stellte. Weitere Lebensbeschreibungen Ottos verfassten Herbord von Michelsberg sowie der sog. Mönch von Prüfening.

R. Koepke (Hrsg.): Vitae Ottonis episcopi Bambergensis – Vita auctore Ebbone. [MGH Scriptores XII] Hannover 1856

Ebo S. 822–883

Herbord S. 746–822

Mönch v. Prüfening S. 883–903

Annales Magdeburgenses, 1188

Dieses Werk beruht auf den verlorenen, älteren Annales Nienburgenses, die Abt Arnold von Berge zugeschrieben werden. Es reicht von Christi Geburt bis 1188 mit Ergänzungen zu 1453 und 1460 und spiegelt die sächsische, antisalische Perspektive wider.

Georg Heinrich Pertz (Hrsg.): MGH Scriptores XVI. Hannover 1859, S. 105–196

Helmold von Bosau, Chronica Slavorum / Slaven-Chronik, 1163–1172

Der noch in salischer Zeit geborene Augustinerchorherr in Segeberg musste vor Slaweneinfällen nach Neumünster fliehen und ließ sich zuletzt 1156 als Pfarrer in Bosau nieder, wo er seine Chronik über die Bekehrung der Westslawen in zwei Büchern verfasste. Da er aus sächsischer Sicht schreibt, nimmt er gegenüber den Saliern eine kritische Haltung ein.

Bernhard Schmeidler (Hrsg.): Helmoldi Presbyteri Bozoviensis Cronica Slavorum. [MGH Scriptores rerum Germanicarum XXXII] Hannover 1937, bes. ad annum 1080

Gottfried von Viterbo, Pantheon sive Universitatis libri … XX, 1190

Der um 1125 geborene Notar der Hofkapelle Kaiser Friedrichs I. verfasste – unter Veröffentlichung mehrerer Vorstufen unter verschiedenen Titeln – eine Weltgeschichte, deren Wert besonders darin liegt, dass er aus inzwischen verlorenen Quellen schöpfte. Er vertritt die Idee eines starken Kaisertums und steht insofern auf salischer Seite.

Johannes Herold (Hrsg.): Godefridus Viterbiensis: Pantheon, Sive Universitatis Libri … XX. Basel 1559, bes. Sp. 572–582

Georg Waitz (Hrsg.): Gotifredi Viterbensis Pantheon. In: MGH Scriptores XXII. Hannover 1872, S. 107–307

Albert von Stade, Chronica [bekannt unter: Annales Stadenses / Jahrbücher von Stade], 1240–1256

Die Weltchronik bis 1256 bezieht ihren Hauptwert aus der Verwendung inzwischen verlorener Quellen und wird so selbst zur reichen und vielfältigen Quelle. Albert nimmt die antisalische Perspektive der Sachsen ein.

R. Reineccius (Hrsg.): Chronica Alberti Stadensis, Helmstedt 1587

Nachdruck: Johann Martin Lappenberg (Hrsg.): Annales Stadenses. In: MGH Scriptores XVI. Hannover 1859, S. 271–391

Nicolaus Burgmann, Kaisergeschichte, 1417

Dieser Überblick über die Geschichte der Kaiser von Karl dem Großen bis Kaiser Karl IV. entstand in Konstanz während des Konzils im Auftrag Kaiser Sigismunds. Nicolaus Burgmann war Domdekan in Speyer und stellt die Salierzeit aus dieser Sicht dar; nur Heinrich V. wird wegen der Absetzung seines Vaters verurteilt.

Edmund L. B. Oefele (Hrsg.): Imperatorum et regum Romanorum Spirae sepultorum Historiae a Carolo M[agno] ad Carolum IIII. In: ders. (Hrsg.): Rerum Boicarum scriptores II. Augsburg 1763, S. 598–610

Johann Seyfried von Mutterstadt, Chronica Praesulum Spirensium / Geschichte der Speyerer Bischöfe, vor 1472

Johann Seyfried war Domvikar in Speyer und verfasste seine Bischofschronik, die von den für ihn greifbaren Anfängen bis 1468 reicht, auf Anregung Bischof Matthias von Rammungs. Seine regionale Sicht auf die salischen Herrscher ist – nicht überraschend – positiv.

Johann Friedrich Böhmer (Hrsg.): Fontes rerum Germanicarum. Bd. IV, Stuttgart 1868, S. 327–351

Johannes Trithemius, Annales Hirsaugienses, um 1500

Johannes Heidenberg aus Trittenheim an der Mosel, Abt des Klosters Sponheim, verfasste in zwei Büchern eine Geschichte des Reformklosters Hirsau. Dieses erhielt nach der Reform seine Bestätigung von Papst Gregor VII. Die Auseinandersetzungen Heinrichs IV. beurteilt Trithemius aus der Sicht der Gegner.

Marquard Freher (Hrsg.): Johannis Trithemii … opera historica. Frankfurt 1601, ND Frankfurt 1966, Teil II, S. 1–235

Cyriacus Spangenberg, Mansfeldische Chronica, I. Teil: Eisleben 1572

Der in Nordhausen geborene und in Wittenberg ausgebildete Theologe, der reformatorische Streitschriften und historische Werke verfasste, vertritt in der Mansfeldischen Chronik die sächsische Sicht auf die Zeit der Salier, besonders auf Heinrich IV.

Bibliographische Angaben identisch mit der ersten Nennung aus 1572[19]

19 Dieses Buch, das nicht in neuerer Zeit gedruckt bzw. nachgedruckt wurde, ist digital einsehbar unter: http://books.google.de/books/about/

Christoph Lehmann, Chronica der Freyen Reichs-Statt Speyr, 1612

Christoph Lehmann aus Finsterwalde war von 1604 bis 1629 Stadtschreiber von Speyer und verfasste in dieser Zeit eine Stadt- und Reichschronik von überregionaler Bedeutung. Lehmann, der – im Urteil eher zurückhaltend – auf dem wissenschaftlichen Stand seiner Zeit schreibt, weiß freilich die Verdienste der Salier um die Stadt zu würdigen.

2. Auflage: Frankfurt 1662
3. Auflage: Frankfurt 1698
4. Auflage: Frankfurt 1705

Johann Samuel StrauSS, De Rudolpho Svevico pseudo-imperatore / Von Gegenkönig Rudolf von Schwaben, 1709

Der 1686 in Freiberg in Sachsen geborene Theologe promovierte 1709 in Leipzig mit seiner Schrift über Rudolf von Rheinfelden. Strauß wirkte am Dom und der Kirche St. Maximus in Merseburg, zuletzt bis zu seinem Tod 1731 als Diakon. Sein Werk erschien noch zweimal in einer erweiterten Fassung.

2. Auflage: M[agistri] Jo[annis] Samuel[is] Straussii, Diaconi Merseburgensis: Positiones historicae de Rudolpho Suevico Anti-Caesare, cujus manus, in praelio amputata, Merseburgi in templo cathedrali asservatur. Appendice nunc demum adjecta: De hostiis eucharisticis earumque abusu maxime superstitioso. Halle 1728

Textidentisch, aber neu gesetzt die posthume 3. Auflage Halle 1745[20]

Mansfeldische_chronica.html?hl=de&id=dzVWAAAAYAAJ. Abgerufen am 4. 4. 2014.

20 Auflage 1709: http://reader.digitale-sammlungen.de/de/fs1/object/display/bsb10950765_00001.html
Auflage 1728: http://books.google.de/books?id=hAZGAAAAcAAJ&printsec=frontcover&hl=de&source=gbs_ge_summary_r&cad=0#v=onepage&q&f=false

Martin Gerbert, De Rudolpho Suevico, comite de Rheinfelden / Von Rudolf von Schwaben, Graf von Rheinfelden, 1785

Der Fürstabt (seit 1764) von St. Blasien, des ehemaligen Hausklosters der Rheinfelder Grafen, verfolgte mit seiner Schrift vor allem den Zweck, die historische Bedeutung seiner Abtei herauszustellen, die er vor der Säkularisation schützen wollte. Dennoch schreibt er mit hohem wissenschaftlichem Anspruch und kritischer Betrachtung von Quellen.

Druck: De Rudolpho Suevico, comite de Rheinfelden, duce, rege … / Von Rudolf, Grafen von Rheinfelden, Herzog, König St. Blasien 1785[21]

Auflage 1745: http://books.google.de/books?id=SStWAAAAcAAJ&printsec=frontcover&hl=de&source=gbs_ge_summary_r&cad=0#v=onepage&q&f=false
Abruf am 30. 4. 2014.

21 http://books.google.de/books?id=bOM-AAAAcAAJ&printsec=frontcover&hl=de&source=gbs_ge_summary_r&cad=0#v=onepage&q&f=false
Abruf am 25. 10. 2014.

10. Zeittafel

742	Die Widonen, eine Linie der Vorfahren der Salier, gründen das Hauskloster Hornbach
891	Graf Werner im Speyergau bezeugt
906	Graf Werner erneut bezeugt
911–918	König Konrad I.
913	Blendung Bischof Einhards von Speyer
916	Untersuchung der Tat durch die Synode von Hohenaltheim
936–973	König Otto I. d. Gr.
939	Otto besiegt die Konradiner und weist sie in die Schranken; das Herrschaftsgebiet der Konradiner fällt an die Familie des Grafen Werner
941	Konrad d. Rote Graf im Speyer-, Worms-, Nahe- und Niddagau
942	Konrad d. Rote Graf in Franken
944	Konrad wird Herzog von Lothringen
946	Konrad überträgt Bischof Reginbald I. von Speyer wichtige Regalien: Gerichtsbarkeit, Münze, einen Teil des Zolls, Fisch-, Wein-, Salz- und Fremdensteuer
947	Konrad heiratet Liutgard (931–953), Tochter Ottos d. Gr.
950	Otto I. besiegt Boleslaw von Böhmen
952	Konrad gibt Kusel an den Bischof von Reims zurück, Otto bestätigt diese Übertragung Italienzug Ottos; sein Sohn Liudolf und der Erzbischof von Mainz kehren vorzeitig nach Deutschland zurück
953	Konrad beteiligt sich am Aufstand seines Schwagers Liudolf gegen Otto
954	Konrad verliert seine Herzogswürde in Lothringen
955	10. 8. Konrad fällt in der Schlacht im Lechfeld gegen die Ungarn an der Seite Ottos und wird in Worms feierlich beigesetzt

956	Konrads Sohn Otto, gen. von Worms, erscheint als Graf im Nahegau; seine Frau heißt Judith
962	Kaiserkrönung Ottos d. Gr. in Rom
972	Ottos Sohn, später Otto II., heiratet Theophanu von Byzanz
973	Herrschaftsantritt König Ottos II.
978–985	Konrads Sohn Otto (von Worms) ist erstmals Herzog von Kärnten
983	Otto II. stirbt, Theophanu wird Regentin
985	Otto von Worms übernimmt wieder seine Wormser Rechte, auf die er als Herzog von Kärnten verzichtet hatte; von Otto III. erhält er das Königsgut Lautern
987	Gründung des Klosters St. Lambrecht im Speyerbachtal
994	Odilo wird Abt von Cluny
995–1004	Otto von Worms ist erneut Herzog von Kärnten
996	Herzog Ottos Sohn Brun wird Papst Gregor V. und krönt König Otto III. zum Kaiser, wird aber von Crescentius Nomentanus vertrieben
	König Otto III. übernimmt die Regierung
998	Erneuter Italienzug Ottos III., Wiedereinsetzung Gregors, harte Bestrafung der Gegner
999	Tod Gregors V., Tod Heinrichs, des Sohnes Herzog Ottos und Vaters Konrads des Älteren
	Gerbert von Ravenna wird Papst Silvester II. und verstärkt die Bemühungen um Kirchenreform und Ostmission
1002	König Otto III. stirbt in Paterno am Socrate und wird in Aachen begraben.
	Herzog Otto verzichtet auf die Salierburg Worms und auf eine Kandidatur zur Kaiserwahl; Heinrich II. aus einer Seitenlinie des ottonischen Hauses wird König
1003	Päpste Johannes XVII. und Johannes XVIII.

1004	Krönung Heinrichs II. in Pavia zum König von Italien (14. Mai) 4. 11. Herzog Otto von Worms stirbt und wird wahrscheinlich in seinem neuen Machtzentrum Bruchsal begraben; der Hausbesitz fällt im Wesentlichen an seinen Enkel Konrad d. Älteren
1007	Errichtung des Bistums Bamberg
1009	Wahl Papst Sergius' IV. (aus der Familie der Crescentier)
1011	Konrad, Sohn Herzog Ottos, Bruder Heinrichs, Vater Konrads d. Jüngeren, stirbt; Konrad d. Ältere, Sohn Heinrichs, übernimmt die Regentschaft in Kärnten
1012	Papst Benedikt VIII. gewählt (aus dem Haus Tusculum)
1014	Krönung König Heinrichs II. in Rom zum Kaiser und seiner Frau Kunigunde zur Kaiserin
1016	Konrad d. Ältere heiratet Gisela, die Tochter Herzog Hermanns II. von Schwaben erstes Auftreten der Normannen in Süditalien
1017	28. 10. Der spätere Kaiser Heinrich III. wird geboren
1018	Weihe des Wormser Doms unter Bischof Burchard
1022	Heinrich II. unterwirft Capua, Benevent und Salerno
1024	13. 7. Heinrich II. stirbt in der Pfalz Grona bei Göttingen und wird in Bamberg begraben; 4. 9. Königswahl in Kamba: Konrad d. Ältere setzt sich gegen seinen Vetter Konrad d. Jüngeren durch und wird in Mainz zum König gekrönt, seine Frau Gisela zur Königin erst einige Tage später in Köln Johannes XIX., der Bruder Benedikts VIII., wird Papst
1025	Herzog Ernst II. von Schwaben, Sohn Königin Giselas aus erster Ehe, empört sich gegen den Stiefvater; Konrad und Ernst streiten um Giselas Erbe Burgund

Konrad tritt die Mark Schleswig an Knut d. Gr. von Dänemark ab

1026 Konrad begibt sich auf einen Italienzug; Krönung zum König von Italien durch Aribert von Mailand, Eroberung Pavias

1027 26. 3. Kaiserkrönung Konrads II. in Rom, sein Sohn Heinrich wird Herzog von Bayern; nach der Rückkehr aus Italien: Unterwerfung Herzog Ernst II., Gründung des Speyerer Doms

1028 Wilhelm, Konrads Onkel wird Bischof von Straßburg; Heinrich III. wird Mitkönig, Krönung in Köln

1030 Herzog Ernst II. und Werner von Kyburg fallen als Reichsfeinde im Schwarzwald

Einfall König Mieszkos II. von Polen

1031 Vergeblicher Feldzug Konrads gegen Ungarn, erfolgreicher Feldzug gegen Polen

1033 König Rudolf III. von Burgund stirbt; Burgund wird Teil des Reiches, der französische Einfluss auf Italien beschränkt; Konrad wird in Peterlingen und Solothurn zum König von Burgund gekrönt

Benedikt IX. wird Papst (aus dem Hause Tusculum, 15 Jahre alt)

1035 Altarweihe in der Krypta des Klosters Limburg

1036 Heinrich III. heiratet Gunhild, Tochter König Knuts von Dänemark

1037 Zweiter Italienzug Konrads, Niederlage gegen den Bund der oberitalienischen Städte; Sieger: Aribert von Mailand; Hoftag Konrads in Pavia, Konrad und seine Mutter gründen das Kloster Öhringen

1038 Gunhild stirbt auf dem Rückmarsch von Italien und wird in der Abteikirche Limburg begraben; Heinrich III. wird Herzog von Schwaben und Mitkönig von Burgund

1039 4. 6. Tod Kaiser Konrads II. in Utrecht, Beisetzung in der Krypta des Speyerer Doms

1041 Weihe der Krypta des Speyerer Doms
Heinrich III. unterwirft Böhmen

1042 Weihe der Abteikirche Limburg

1043 14. 2. Tod Giselas in Goslar; Beisetzung in der Krypta des Speyerer Doms neben Konrad unter Beteiligung fast aller Bischöfe des Reiches
November Heinrich III. heiratet Agnes von Poitou, Tochter Wilhelms V. von Aquitanien
Vertreibung Peters von Ungarn

1044 Heinrich III. unterwirft Ungarn

1045 Silvester III. (Crescentier) und Gregor VI. (Pierleone) werden Papst; Heinrich III. belehnt Peter mit Ungarn

1046 Tod Wilhelms von Straßburg; Italienzug Heinrichs III., Synode von Sutri, Absetzung der Päpste Benedikt IX. und Silvester III. sowie in Rom Papst Gregors VI.; der Bischof von Bamberg wird Papst Clemens II.
25. 12. Kaiserkrönung Heinrichs

1048 Graf Poppo von Brixen wird Papst Damasus II., ihm folgt nach nur wenig mehr als einem Monat Graf Bruno von Egisheim-Dagsburg als Papst Leo IX.; Bekräftigung der Kirchenreform; Heinrich gibt Oberlothringen (bisher bei Konrad d. Bärtigen) an Graf Gebhard im Elsass

1049 Leo IX. ruft Hildebrand, Petrus Damiani und Humbert von Silva Candida nach Rom; Heinrich zieht gegen Gottfried und Balduin von Flandern, die sich unterwerfen müssen

1050 Heinrich (IV.) geboren

1052 Konflikt zwischen Kirchenreform und Reichsinteressen noch nicht sichtbar; Einfall der Normannen in Benevent; Heinrich III. und Leo IX. feiern Weihnachten gemeinsam in Worms

1053 Wahl Heinrichs IV. zum Mitkönig unter Auflagen
Gefangennahme Leos IX. durch die Normannen bei Civitate

1054 Weihe des künftigen Königs Heinrich IV. in Aachen
16. 7. Niederlegung der päpstlichen Bannbulle gegen den Patriarchen von Konstantinopel in der Hagia Sophia; Schisma zwischen Ost- und Westkirche

1055 zweiter Italienzug Heinrichs III., Gefangennahme Beatrix' von Tuszien, der Ehefrau Gottfrieds d. Bärtigen; Heinrich IV. wird mit Bertha von Savoyen/Turin verlobt
Welf III. warnt auf dem Sterbebett vor einer Fürstenverschwörung, die abgewehrt werden kann
Beatrix darf zu Gottfried zurückkehren

1056 Heinrich III. stirbt in der Pfalz Bodfeld im Harz und wird im Speyerer Dom neben seinen Eltern beigesetzt; seine Witwe Agnes übernimmt die Regentschaft; sie gibt Schwaben an Rudolf von Rheinfelden; Kärnten an Berthold von Zähringen; Bayern an Otto von Northeim

1057 Friedrich von Lothringen, Abt von Monte Cassino wird Papst Stephan IX.

1058 Benedikt X. wird Papst (April–Dezember, dann abgesetzt), Gerhard von Burgund wird Papst Nikolaus II. (Wahl in Siena); Petrus Damiani führt gemäßigte Reformpartei in Rom

1059 Wiedererrichtung der Kirche des Klosters Hirsau
Papstwahlordnung Nikolaus' II.: Wahl durch die Kardinäle; Synode von Melfi; Papst belehnt den Normannen Robert Guiscard mit Apulien, Kalabrien und Salerno

1061 Weihe des Speyerer Doms
Anselm von Lucca wird Papst Alexander II.; Synode in Basel wählt Gegenpapst Honorius II.

1062 Entführung Heinrichs IV. bei Kaiserswerth, die Regentschaft geht auf Erzbischof Anno von Köln über

1063	Adalbert von Bremen übernimmt die Regentschaft
1064	Synode von Mantua: Deutsche und italienische Bischöfe erkennen Papst Alexander II. an
1065	Heinrich IV. tritt selbstständige Regierung an
1066	Heinrich heiratet Bertha, Tochter Ottos von Savoyen und Adelheids von Turin; der König wird von den Fürsten zur Entlassung Adalberts von Bremen gezwungen
1070/71	Otto von Northeim, Berater Heinrichs IV. wird eines Mordanschlags auf den König verdächtigt und verliert Bayern an die Welfen
1073	Beginn des Aufstandes der Sachsen gegen den König, Zerstörung königlicher Burgen im Harz; Flucht Heinrichs IV. nach Worms, dessen Bürger ihren Bischof vertreiben und ihren König aufnehmen; dafür erhält die Stadt wertvolle Privilegien
	Papst Gregor VII. (Hildebrand) gewählt; absoluter Machtanspruch, gegen Simonie, Priesterehe und Laieninvestitur
1074	Thronfolger Konrad geboren
	1. Fastensynode in Rom: erste Erwägungen eines Feldzuges zur Rückeroberung des hl. Grabes in Jerusalem
1075	St. Lambrecht und Kloster Limburg werden an den Bischof von Speyer übertragen
	Sieg Heinrichs IV. über die Sachsen bei Homburg an der Unstrut; Fastensynode in Rom verbietet erneut Laieninvestitur und droht Heinrich IV. den Bann an; Beginn des Investiturstreits
1076	Heinrich wird nach weiteren Bischofseinsetzungen vom Papst gebannt; Fürstentag zu Tribur droht mit Absetzung des Königs, falls Bann in einem Jahr noch besteht
1077	Tod Kaiserin Agnes' in Rom, Beisetzung dort; Bußgang Heinrichs zur Lösung vom Bann, diese auf der Burg Mathildes von Tuszien: Canossa

	Fürsten wählen Rudolf von Rheinfelden, Herzog von Schwaben zum Gegenkönig
1079	Heinrich gibt Herzogtum Schwaben als Lehen an die Staufer
1080	Umbau des Speyerer Doms vollendet, neuer Bann über Heinrich; Waiblingen wird vom König dem Bischof von Speyer übertragen
	Gegenkönig Rudolf fällt in der Schlacht bei Hohenmölsen an der Weißen Elster und wird im Dom zu Merseburg begraben
	Erzbischof Wibert von Ravenna wird Gegenpapst Clemens III.
1081	Zug Heinrichs IV. nach Italien
	Gegenkönig Hermann von Salm
1084	Kaiserkrönung Heinrichs IV.
	Vertreibung Papst Gregors aus Rom, der sich mit den Normannen verbündet hatte
1085	Gregor VII. stirbt als Flüchtling in Salerno; Verkündung des Gottesfriedens durch Heinrich IV.
1086	Heinrich (V.) geboren
1087	27. 12. Kaiserin Bertha stirbt in Mainz und wird in Speyer begraben; Heinrichs Sohn Konrad wird Mitkönig; Übertragung des Klosters Hornbach an die Kirche von Speyer
	Papst Viktor II.
1088	Papst Urban II.
	Heinrichs Gegenkönig stirbt in Cochem; Mathilde von Tuszien (44 J.) heiratet Welf von Bayern (17 J.)
1089	Heinrich IV. heiratet Praxedis, Tochter des Großfürsten Vsevolod v. Kiew
1090	Beginn des Kampfes Heinrichs gegen Mathilde und Welf; dieser setzt Heinrich in Venetien fest; Abfall Konrads von seinem Vater
1095	Synode von Piacenza und Clermont: Verbot der Laieninvestitur erneuert; erster Aufruf zum Kreuzzug; Welf und Mathilde werden geschieden

1096	Beginn des ersten Kreuzzuges
1097	Rückkehr Heinrichs IV. nach Deutschland
1099	Heinrich V. zum König gekrönt Einnahme Jerusalems durch die Kreuzfahrer; Papst Paschalis II.
1101	Tod Konrads in Florenz
1103	Heinrich IV. verkündet in Mainz einen allgemeinen vierjährigen Reichsfrieden
1104	Heinrich V. stellt sich an die Spitze einer Fürstenverschwörung gegen seinen Vater und hält diesen auf Burg Böckelheim an der Nahe gefangen
1106	Abdankung Heinrichs IV. auf dem Fürstentag zu Ingelheim, Flucht nach Lüttich, Tod des erneut gebannten Kaisers am 7. 8., vorläufige Beisetzung in der Afrakapelle des Doms zu Speyer Sachsen fällt an Lothar von Supplinburg
1110	Italienzug Heinrichs V., Gefangensetzung Papst Paschalis' II., Erzwingung der Kaiserkrönung Feldzug Heinrichs V. gegen Ungarn, Wiederherstellung der Reichshoheit
1111	Kaiserkrönung Heinrichs V., Heinrich IV. endgültig im Königschor des Speyerer Doms beigesetzt; Privilegien an die Stadt Speyer
1114	Heinrich V. heiratet Mathilde, Tochter König Heinrichs I. von England
1116	Heinrich V. zieht erneut nach Italien; in Deutschland bekämpfen sich Sachsen (Lothar v. Supplinburg) und Schwaben (Staufer)
1118	Papst Gelasius II.
1119	Papst Calixtus II., Reichstag von Tribur beschließt vorübergehend Reichsfrieden
1122	23. 9. Wormser Konkordat (Heinrich V. und Calixtus II.): Ende des Investiturstreits durch Kompromiss: Kaiser verzichtet auf Investitur mit Stab und Ring, dafür Wahl der Bischöfe nur unter Beteiligung eines königlichen Gesandten; Einfluss des

	Kaisers sinkt, Sieger in Italien: Städte, in Deutschland: Fürsten
1124	Papst Honorius II.
1125	23. 5. Tod Kaiser Heinrichs V., Beisetzung im Dom zu Speyer; Ende des salischen Hauses
	Lothar von Supplinburg wird König, Krönung in Aachen, regiert bis 1137, dann Übergang der Königswürde auf die Staufer
12. Jh.	Aufkommen des Namens Salier für die Speyerer Kaiserdynastie
1208	Beisetzung König Philipps von Schwaben im Dom zu Speyer
1291	Beisetzung Rudolfs von Habsburg im Dom zu Speyer
1309	Beisetzung der Könige Adolf von Nassau und Albrecht von Österreich im Dom zu Speyer
1689	Plünderung der Gräber bei der Zerstörung Speyers
1900	Ausgrabung des Königschors und Öffnung der salischen Gräber

Literatur

ALTHOFF, Gerd: Heinrich IV. [Gestalten des Mittelalters und der Renaissance] Darmstadt 2006

ALTHOFF, Gerd (Hrsg.): Heinrich IV. [Vorträge und Forschungen / Konstanzer Arbeitskreis für Mittelalterliche Geschichte LXIX] Ostfildern 2009

ALTHOFF, Gerd: Heinrich V. In: Bernd Schneidmüller / Stefan Weinfurter (Hrsg.): Die deutschen Herrscher des Mittelalters. Historische Portraits von Heinrich I. bis Maximilian I. München 2003, S. 180–200

ANDERMANN, Kurt: Die Speyerer Privilegien von 1111. In: Historisches Museum der Pfalz Speyer / Institut für Fränkisch-Pfälzische Geschichte und Landeskunde Heidelberg (Hrsg.): Die Salier. Macht im Wandel. Essay-Band, Speyer 2011, S. 177–179

ANDERMANN, Kurt: Bürgerrecht. Die Speyerer Privilegien 1111 und die Anfänge persönlicher Freiheit in deutschen Städten des hohen Mittelalters. In: Historische Zeitschrift 295 (2012), S. 593–624

APPELT, Heinrich: Heinrich III. In: Neue Deutsche Biographie 8 (1969), S. 313–315

APPELT, Heinrich: Konrad II. In: Neue Deutsche Biographie 12 (1980), S. 492–495

ARMGART, Martin: Herzog Otto zum 1000. Todestag. In: Rhein-Pfalz-Kreis (Hrsg.): Heimatjahrbuch 22 (2006), Ludwigshafen 2005, S. 35–42

BECHER, Matthias: Heinrich III. In: Bernd Schneidmüller / Stefan Weinfurter (Hrsg.): Die deutschen Herrscher des Mittelalters. Historische Portraits von Heinrich I. bis Maximilian I. (919–1519). München 2003, S. 136–153

BECHER, Matthias: Heinrich IV. Mit Rudolf (1077–1080), Hermann (1081), Konrad (1087–1093, gest. 1101). In: Bernd Schneidmüller / Stefan Weinfurter (Hrsg.): Die deutschen

Herrscher des Mittelalters. Historische Portraits von Heinrich I. bis Maximilian I. München 2003, S. 154–180

BECHER, Matthias: Otto v. Northeim. In: Neue Deutsche Biographie 19 (1999), S. 671

BENZ, Karl Josef: Kaiser Konrad II. (1024–1939) als kirchlicher Herrscher. Der Straßburger Adventsstreit und die Synode von 1038 im Kloster Limburg an der Haardt. In: Archiv für Liturgiewissenschaft 20/21 (1978/79), S. 56–80

BERSCHIN, Walter / HELLMANN, Martin: Hermann der Lahme. Gelehrter und Dichter (1013–1054). [Reichenauer Texte und Bilder XI] Heidelberg ^{2}2005

BLACK, Mechthild: Die Töchter Kaiser Heinrichs III. und der Kaiserin Agnes. In: Franz Neiske / Dietrich Poeck / Mechthild Sandmann (Hrsg.): Vinculum Societatis, Joachim Wollasch zum 60. Geburtstag. Sigmaringen 1991, S. 36–57

BLACK-VELDTRUP, Mechthild: Kaiserin Agnes (1043–1077). Quellenkritische Studien. Böhlau, Köln 1995

BLANK, Isabella (Hrsg.): Heinrich IV. – Kaiser, Kämpfer und Gebannter. Speyer (Ausstellungskatalog) 2006

BORCHERT, Sabine: Herzog Otto von Northeim (um 1025–1083). Reichspolitik und personelles Umfeld [Veröffentlichungen der Historischen Kommission für Niedersachsen und Bremen 227] Hannover 2005

BOSHOF, Egon: Die Salier. Stuttgart u. a. ^{5}2008

BOSHOF, Egon: Königtum und Königsherrschaft im 10. und 11. Jahrhundert. [Enzyklopädie deutscher Geschichte XXVII] Hrsg. von Lothar Gall, München (3. aktualisierte u. erweiterte Aufl.) 2010

CLAUSS, Martin: Die Salier. Darmstadt 2011

DELLWING, Herbert (Bearb.): Kulturdenkmäler in Rheinland-Pfalz I: Stadt Speyer. Hrsg. im Auftrag des Kultusministers vom Landesamt für Denkmalpflege. Düsseldorf 1985

DENDORFER, Jürgen: Heinrich V. Könige und Große am Ende der Salierzeit. In: Tilman Struve (Hrsg.): Die Salier, das Reich und der Niederrhein. Wien 2008, S. 115–170

EHLERS, Caspar: Metropolis Germaniae. Studien zur Bedeutung Speyers für das Königtum (751–1205). [Veröffentlichungen des Max-Planck-Instituts für Geschichte CXXV] Göttingen 1996

ERKENS, Franz-Reiner: Konrad II. (um 990–1039). Herrschaft und Reich des ersten Salierkaisers. Regensburg 1998

FLECKENSTEIN, Josef: Heinrich IV. und der deutsche Episkopat in den Anfängen des Investiturstreites. Ein Beitrag zur Problematik von Worms, Tribur und Canossa. In: Josef Fleckenstein / Karl Schmid (Hrsg.): Adel und Kirche. Gerd Tellenbach zum 65. Geburtstag dargebracht von Freunden und Schülern. Freiburg – Basel – Wien 1968, S. 221–236

FLECKENSTEIN, Josef: Hofkapelle und Reichsepiskopat unter Heinrich IV. In: Josef Fleckenstein (Hrsg.): Investiturstreit und Reichsverfassung [Vorträge und Forschung XVII] Sigmaringen 1973, S. 117–140

FRIED, Johannes: Tugend und Heiligkeit. Beobachtungen und Überlegungen zu den Herrscherbildern Heinrichs III. in Echternacher Handschriften. In: Wilfried Hartmann (Hrsg.): Mittelalter. Annäherungen an eine fremde Zeit. Regensburg 1993, S. 41–85

FRIED, Johannes: Canossa. Entlarvung einer Legende. Eine Streitschrift. Berlin 2012

Sowie die Angabe aus der Anm. von S. 183

GIESE, Wolfgang: Otto von Bamberg und der Speyerer Dombau. In: Bischof Otto I. von Bamberg. Reformer – Apostel der Pommern – Heiliger, Gedenkschrift zum Otto-Jubiläum 1989. [Historischer Verein für die Pflege der Geschichte des ehemaligen Fürstbistums Bamberg 125] Bamberg 1989, S. 105–113

GOETZ, Hans-Werner: Geschichtsschreibung und Geschichtsbewusstsein im hohen Mittelalter. [Orbis mediaevalis. Vorstellungswelten des Mittelalters I] Berlin 1999

GOEZ, Werner: Kirchenreform und Investiturstreit 910–1122. Stuttgart ²2008

GRUMT, Sebastian: Rudolf von Rheinfelden. Oder: Vom Verlust einer Hand. In: Marian Nebelin / Sabine Graul (Hrsg.): Verlierer der Geschichte von der Antike bis zur Moderne. [Chemnitzer Beiträge zur Politik und Geschichte IV] Berlin u. a. 2008, S. 213–222

GUGUMUS, Johannes Emil: Die Speyerer Bischöfe im Investiturstreit. Forschungen zu Problemen über das Verhältnis von Kirche und Staat im ausgehenden 11. Jahrhundert.
Teil I: Archiv für Mittelrheinische Kirchengeschichte 3 (1951), S. 77–144
Teil II: Archiv für Mittelrheinische Kirchengeschichte 4 (1952), S. 45–78

HAPP, Sabine: Stadtwerdung am Mittelrhein. Die Führungsgruppen von Speyer, Worms und Koblenz bis zum Ende des 13. Jahrhunderts. [Rheinisches Archiv 144] Köln – Weimar – Wien 2002

HARTMANN, Wilfried: Schwaben im Investiturstreit. In: Barbara Scholkmann / Söhnke Lorenz (Hrsg.): Schwaben vor tausend Jahren. [Veröffentlichungen des Alemannischen Instituts LXIX] Filderstadt 2002

HATTENHAUER, Hans: Der Speyerer Freiheitsbrief vom 7./14. August 1111. In: Archiv für Mittelrheinische Kirchengeschichte 63 (2011), S. 39–66

HESSE, Otmar: Goslar und die salischen Kaiser. [Goslarsches Forum Bd. 5] Goslar 2011

HISTORISCHES MUSEUM der Pfalz (Hrsg.): Die Salier – Macht im Wandel. (2 Bde.) Speyer – München 2011

HLAWITSCHKA, Eduard: Zur Herkunft und zu den Seitenverwandten des Gegenkönigs Rudolf von Rheinfelden – Genealogische und politisch-historische Untersuchungen. In: Stefan Weinfurter (Hrsg.): Die Salier und das Reich. Band I: Salier, Adel und Reichsverfassung. Sigmaringen 1991, S. 175–220

JAKOBS, Hermann: Rudolf von Rheinfelden und die Kirchenreform. In: Josef Fleckenstein (Hrsg.): Investiturstreit und Reichsverfassung [Vorträge und Forschung XVII]. Sigmaringen 1973, S. 87–116

KARZEL, Simon M.: Nihil crudelibus a barbaris perpeti potuissent. Die Darstellung von Krieg und Gewalt in den historiographischen Quellen zur Zeit Heinrichs IV. Marburg 2008

KÖRNTGEN, Ludger: Ottonen und Salier. Darmstadt 2002

KRÜGER, Klaus: Grabmal des Gegenkönigs Rudolf von Rheinfelden. In: Holger Kunde / Helge Wittmann u. a. (Hrsg.): Zwischen Kathedrale und Welt. 1000 Domkapitel Merseburg. 2 Bde. 2004/2005, Bd. I, S. 69–71

KUNDE, Holger / WITTMANN, Helge u. a. (Hrsg.): Zwischen Kathedrale und Welt. 1000 Domkapitel Merseburg. 2 Bde. 2004/2005

LAUDAGE, Johannes: Die Salier. Das erste deutsche Königshaus. München 2006

LOHSE, Tillmann: Heinrich IV., seine Halbschwester Azela und die Wahl zum Mitkönig am 26. Juni 1053 in Tribur. Zwei übersehene Belege aus Goslar. In: Niedersächsisches Jahrbuch für Landesgeschichte 85 (2013), S. 217–227

LUBICH, Gerhard (Hrsg.): Heinrich V. in seiner Zeit. Herrschen in einem europäischen Reich des Hochmittelalters. [Forschungen zur Kaiser- und Papstgeschichte des Mittelalters XXXIV] Köln u. a. 2013

MARTIN, Guido: Der Salische Herrscher als Patrus romanorum. Zur Einflussnahme Heinrichs III und Heinrichs IV auf die Besetzung der Cathedra Petri. In: Frühmittelalterliche Studien 28. 1994, S. 257–295

MUYLKENS, Michaela: Reges geminati. Die »Gegenkönige« in der Zeit Heinrichs IV. [Historische Studien DI] Husum 2012

NASS, Klaus: Die Reichschronik des Annalista Saxo und die sächsische Geschichtsschreibung im 12. Jahrhundert. [Monumenta Germaniae Historica Schriften XLI] Hannover 1996

PRINZ, Friedrich: Kaiser Heinrich III und seine widersprüchliche Beurteilung und deren Gründe. In: Historische Zeitschrift 246, 1988, S. 529–548

REIDINGER, Erwin: 1027: Gründung des Speyerer Domes. Sonne – Orientierung – Achsknick – Gründungsdatum – Erzengel Michael. [Schriften des Diözesan-Archivs Speyer XLVI] Speyer 2014

ROGGE, Jörg: Die deutschen Könige im Mittelalter. Wahl und Krönung. Darmstadt 2006

SCHENK, Walter: Kloster Limburg an der Haardt. Untersuchungen zu Überlieferung und Geschichte. [Stiftung zur Förderung der Pfälzischen Geschichtsforschung, Reihe B: Abhandlungen zur Geschichte der Pfalz, Bd. II] Neustadt 2002

SCHIEFFER, Theodor: Heinrich V. In: Neue Deutsche Biographie 8 (1969), S. 320–323

SCHIEFFER, Theodor: Hermann von Salm. In: Neue Deutsche Biographie 8 (1969), S. 628–630

SCHMIDT, Ulrich: Die Wahl Hermanns von Salm zum Gegenkönig. In: Klaus Herbers u. a. (Hrsg.): Ex ipsis rerum documentis, Beiträge zur Mediävistik, Festschrift für Harald Zimmermann zum 65. Geburtstag. Sigmaringen 1991, S. 477–491

SCHNEIDMÜLLER, Bernd: Die Kaiser des Mittelalters. Von Karl dem Großen bis Maximilian I. München ²2007

SCHNEIDMÜLLER, Bernd / WEINFURTER, Stefan (Hrsg.): Salisches Kaisertum und neues Europa. Die Zeit Heinrichs IV. und Heinrichs V. Darmstadt 2007

SCHOLZ, Sebastian: Die Urkundeninschriften in Speyer (1111), Mainz (1135) und Worms (1184) – Funktion und Bedeutung. In: Historisches Museum der Pfalz Speyer / Institut für Fränkisch-Pfälzische Geschichte und Landeskunde Heidelberg (Hrsg.): Die Salier. Macht im Wandel. Essay-Band, Speyer 2011, S. 162–165

SCHOLZ, Sebastian: Die Urkundeninschriften Kaiser Heinrichs V. für Speyer aus dem Jahr 1111. In: Historisches Museum der Pfalz Speyer / Institut für Fränkisch-Pfälzische Geschichte und Landeskunde Heidelberg (Hrsg.): Die Salier. Macht im Wandel. Essay-Band, Speyer 2011, S. 166–173

SCHOLZ, Sebastian: Die Urkunden Kaiser Heinrichs V. für die Bürger der Stadt Speyer, 7. und 14. August 1111. In: Historisches Museum der Pfalz Speyer / Institut für Fränkisch-Pfälzische Geschichte und Landeskunde Heidelberg (Hrsg.): Die Salier. Macht im Wandel. Essay-Band, Speyer 2011, S. 174–175

SCHULZE, Hans K.: Hegemoniales Kaisertum. Ottonen und Salier. [Siedler Deutsche Geschichte Bd. III] Berlin 1998

SCHWARZMAIER, Hansmartin: Von Speyer nach Rom. Wegstationen und Lebensspuren der Salier. Sigmaringen ²1992

SEIBERT, Hubertus: Rudolf von Rheinfelden. In: Neue Deutsche Biographie 22 (2005), S. 165–167

SIEFARTH, Frank Martin: Friedenswahrung im Dissens. Fürstenverantwortung für das Reich in spätsalischer Zeit. In: Stefan Weinfurter / Frank Martin Siefarth (Hrsg.): Macht und Ordnungsvorstellungen im hohen Mittelalter. [Münchner Kontaktstudium Geschichte 1] Neuried 1998, S. 107–124

SKODA, Petra: St. Blasien, Rudolf von Rheinfelden und die Zähringer. In: Heinz Krieg / Alfons Zettler (Hrsg.): In frumento et vino opima. Festschrift für Thomas Zotz zu seinem 60. Geburtstag. Ostfildern 2004, S. 181–194

SPRATER, Friedrich: Das Grab der Königin Gunhild auf der Limburg. In: Unsere Heimat 1938/39, S. 364–369

STAAB, Franz (Hrsg.): Auslandsbeziehungen unter den salischen Kaisern. Geistige Auseinandersetzungen und Politik. Referate und Aussprachen der Arbeitstagung vom 22.–24. November 1990 in Speyer. [Veröffentlichungen der

Pfälzischen Gesellschaft zur Förderung der Wissenschaften LXXXVI] Speyer 1994

STIEGEMANN, Christoph / WEMHOFF, Matthias (Hrsg.): Canossa 1077. Erschütterung der Welt. [Begleitwerk zur Canossa-Ausstellung in Paderborn] 2 Bde., München 2006

STRUVE, Tilman: Heinrich III. In: Lexikon des Mittelalters IV, München – Zürich 1989, Sp. 2039–2041

STRUVE, Tilman: Lampert von Hersfeld. Persönlichkeit und Weltbild eines Geschichtsschreibers am Beginn des Investiturstreits.

Teil I: Hessisches Jahrbuch für Landesgeschichte 19 (1969), S. 1–120

Teil II: Hessisches Jahrbuch für Landesgeschichte 20 (1970), S. 32–142

STRUVE, Tilman: Rudolf von Rheinfelden. In: Lexikon des Mittelalters. Bd. VII, München – Zürich 1991, Sp. 1070 f.

STRUVE, Tilman: Das Bild des Gegenkönigs Rudolf von Schwaben in der zeitgenössischen Historiographie. In: Klaus Herbers u. a. (Hrsg.): Ex ipsis rerum documentis. Beiträge zur Mediävistik. Festschrift für Harald Zimmermann zum 65. Geburtstag. Sigmaringen 1991, S. 459–475

STRUVE, Tilman: Salierzeit im Wandel. Köln 2006

SUCHAN, Monika: Fürstliche Opposition gegen das Königtum im 11. und 12. Jahrhundert als Gestalterin mittelalterlicher Staatlichkeit. In: Frühmittelalterliche Studien 37 (2003), S. 141–165

VOGEL, Susanne: Ottonen, Salier, Staufer. Herrscher des Mittelalters 919 bis 1268. Biographische Skizzen. München 2007

TALKENBERG, Fabian: Rebellion am Vorabend von Canossa. Der Sachsenaufstand gegen Heinrich IV. Marburg 2010

TELLENBACH, Gerd: Der Charakter Heinrichs IV. Zugleich ein Versuch über die Erkennbarkeit menschlicher Individualität im hohen Mittelalter. In: Gerd Althoff u. a. (Hrsg.): Person und Gemeinschaft im Mittelalter. Karl Schmid zum 65. Geburtstag. Sigmaringen 1988, S. 345–367

VOLTMER, Ernst: Reichsstadt und Herrschaft. Zur Geschichte der Stadt Speyer im hohen und späten Mittelalter. [Trierer Historische Forschungen I] Trier 1981

WEINFURTER, Stefan: Canossa – Die Entzauberung der Welt. München 2006

WEINFURTER, Stefan: Herrschaft und Reich der Salier. Grundlinien einer Umbruchzeit. Sigmaringen (2. überarb. Aufl.) 1992

WEINFURTER, Stefan: Das Jahrhundert der Salier 1024–1125: Kaiser oder Papst? Ostfildern 2004

WEINFURTER, Stefan (Hrsg.): Die Salier und das Reich.
Bd. I: Salier, Adel und Reichsverfassung.
Bd. II: Die Reichskirche in der Salierzeit.
Bd. III: Gesellschaftlicher und ideengeschichtlicher Wandel im Reich der Salier. Sigmaringen 1991

WEINFURTER, Stefan: Gelebte Ordnung – Gedachte Ordnung. Ostfildern 2005

WEINFURTER, Stefan: Reformidee und Königtum im spätsalischen Reich. Überlegungen zu einer Neubewertung Kaiser Heinrichs V. In: Stefan Weinfurter: Gelebte Ordnung – Gedachte Ordnung. Ostfildern 2005, S. 289–333

WEINFURTER, Stefan: Herrschaftslegitimation und Königsautorität im Wandel: Die Salier und Speyer. In: ders. (Hrsg.): Die Salier und das Reich. Bd. I: Salier, Adel und Reichsverfassung, S. 55–96

WOLFRAM, Herwig: Konrad II. 990–1039; Kaiser dreier Reiche. München 2000

WOLFRAM, Herwig: Konrad II. In: Bernd Schneidmüller / Stefan Weinfurter (Hrsg.): Die deutschen Herrscher des Mittelalters. Historische Portraits von Heinrich I. bis Maximilian I. München 2003, S. 119–135

ZETTLER, Alfons: Geschichte des Herzogtums Schwaben. Stuttgart 2003

ZEY, Claudia: Frauen und Töchter der salischen Herrscher. Zum Wandel der Heiratspolitik in der Krise. In: Tilman

Struve (Hrsg.): Die Salier, das Reich und der Niederrhein. Wien u. a. 2008, S. 47–98

ZIEMANN, Daniel: Heinrich III. Krise oder Höhepunkt des salischen Königtums? In: Tilman Struve (Hrsg.): Die Salier, das Reich und der Niederrhein. Köln u. a. 2008, S. 13–46

ZOTZ, Thomas: Der südwestdeutsche Adel und seine Opposition gegen Heinrich IV. In: Dieter R. Bauer / Matthias Becher (Hrsg.): Welf IV. Regionale und europäische Perspektiven. München 2004, S. 339–359

ZOTZ, Thomas: Merseburg, Sachsen und das Königtum Rudolfs von Schwaben. In: Holger Kunde / Helge Wittmann u. a. (Hrsg.): Zwischen Kathedrale und Welt. 1000 Domkapitel Merseburg. 2 Bde. 2004/2005, Bd. II, S. 63–73

Weitere spannende Titel bei marixwissen:

Volker Zotz

Der Konfuzianismus

Gebunden mit Schutzumschlag
224 Seiten | Format 12,5 x 20 cm
ISBN 978-3-7374-0975-9

»Bei einem selbst beginnt das Menschlichsein. Wie könnte es bei einem anderen beginnen?« *Konfuzius*

Vor 2500 Jahren eröffnete Konfuzius in China eine kleine Schule für Anwärter auf den Staatsdienst. Er wollte sie nicht nur fachlich bilden, sondern auch charakterlich. Dazu griff er auf traditionelle Werte Chinas wie überlieferte Riten, Orakel und den Ahnenkult zurück. Zu seinen Lebzeiten jedoch hatten seine Ansichten und Methoden kaum Erfolg und wurden im 3. Jh. v. Chr. sogar verboten. Dennoch trat der Konfuzianismus, der als Philosophie, Soziallehre oder Religion erscheinen kann, einen beispiellosen Siegeszug an. Bis heute prägt er nicht nur Politik, Wirtschaft, Gesellschaft und Kultur in China, sondern auch in Korea, Vietnam, Singapur und Japan. Die konfuzianischen Weisheiten bieten bis in die Gegenwart nicht nur Orientierung für das Individuum im Alltag, sondern liefern auch einen Schlüssel zum Verständnis der Geschichte und aktueller Entwicklungen in Asien.

John Andreas Fuchs, Michael Neumann (Hrsg.)

Menschen, die Geschichte schrieben

Die Moderne

Gebunden mit Schutzumschlag
256 Seiten | Format 12,5 x 20 cm
ISBN 978-3-7374-0974-2

»Wir müssen die Zeit als Werkzeug benutzen, nicht als Couch.« *John F. Kennedy*

Die Moderne ist in allen gesellschaftlichen Bereichen eine Umbruchphase: Neue Wege werden entdeckt, alte Traditionen und Denkweisen brechen auf, sei es in der Politik, der Gesellschaft, der Wissenschaft oder der Kunst. Dieser Umbruch wird gestaltet und angeführt von Personen, die offen sind für Neues und die – in der Realität oder in der Literatur – mutig oder waghalsig, bisweilen gewaltbereit und ohne Rücksicht auf Verluste für ihre Ideale eintreten. Der Band Menschen, die Geschichte schrieben – Die Moderne widmet sich in spannenden Aufsätzen den Persönlichkeiten, die die Welt in der Moderne maßgeblich beeinflussten und sie nachhaltig veränderten.

Mit Aufsätzen u. a. zu: John F. Kennedy, Marilyn Monroe, Albert Einstein, Che Guevara, Johannes Paul II., Picasso, Madonna und Asterix.